戦略実行力

バックキャスティング思考で
不確実性の時代を勝ち抜く

野村総合研究所
青嶋 稔【著】
MINORU AOSHIMA

中央経済社

まえがき

　日本企業は，昨今さらに，大きな環境変化に直面している。デジタル時代の大きな変化に直面し，GEのように素晴らしい業績を残し，世界でトップクラスの人材を集めている企業であっても，この大きな変化の波を乗り越えることに苦慮している。

　GEは大きな時代の変化を読み，ジェフ・イメルト氏がCEOの時代にGEデジタルにより，デジタル時代の新しいビジネスモデルの確立を目指した。わたしは，その試みは，非常に素晴らしいものであったと思う。急激なる改革は財務業績面においては，様々な課題を残す結果になってしまったが，GEの試みは，デジタル化の波を乗り越えていくことの難しさを多く学ばせてくれる。

　このようなデジタル化の時代，不確実性の時代に，どのような舵の切り方をしていくべきか，多くの日本企業の経営者は悩み，そして答えを求め続けている。

　日本企業の経営者は3年間の中期経営計画を回し，経営者は4〜6年ほどでの交代をしていくことが多い。もちろん，オーナー企業である場合はこれに該当しないが，サラリーマン社長の場合はほぼ，そのような状況だ。

　しかしながら，こうした中期経営計画がどの程度，意味を持っているのだろうかと，ふと思うことが多くなった。

　不確実性の時代だから3年先も読めないという意見もある。しかしながら，成り行きで，現在の延長線上で事業を進めていくことで，この不確実性の時代を乗り切れるだろうか？

　例えば，自動車業界には所有から利用へという大きな時代の変化に直面している。CASEといわれるコネクティビティ（接続性），オートノマス（自動運転），シェアード（共有），エレクトリック（電動化）という劇的なる変化が起きるなか，成り行きでは事業は立ち行かなくなるだろう。

　つまり，3年では非連続な世の中の変化を見ていくには短い期間であり，現

在の延長線上で事業戦略をたて，実行し続けたとしても，突如として起きる非連続な変化への対応力をつけることはできない。その結果，市場環境の変化やリスクに対応することができず，市場からの退場を求められるかもしれない。こうした不連続な変化が起きる市場環境において，3年間で中期経営計画を回すだけでは，変化への対応力を十分に蓄えられなくなっている。いま，日本企業に求められるのは，10年などの長期にわたり実現を目指すもの，ビジョンが必要になっているのではないか？

　日本の製造業は，戦後の焼け野原から多くの成功を実現した。わたしは，トヨタ自動車，本田技研工業，ソニー，松下電器（現在のパナソニック）などの会社の歴史を読み，子供のころから大きな感動を覚えてきた。当時の経営者は戦後の焼け野原のなかで，大きなビジョンを持っていた。そこには，松下幸之助の水道哲学のような実現したい社会の姿，そこに向って自社が何をすべきかを明確に描いていた姿があった。

　しかしながら，いつしか日本企業は品質での成功，つまり過去の成功からの呪縛から，その後の大きな飛躍をできずにいるのではないか。

　日本企業は，欧米企業に追いつけ，追い越せの時代から，自らが追われる立場，さらには様々な領域で韓国企業に抜かれ，また家電のように中国，台湾企業による救済をされるなど，大きな環境変化に直面している。こうしたなか，自らが将来を読み，どのような未来を創りたいのか，創造する力が求められているのではないだろうか？

　そのためには，3年という経営陣の任期のなかで，何ができるかを考えるのではなく，10年などの長期の期間で，自社はどのような会社になりたいかという大きなビジョンが必要だ。

　非連続な環境変化が起きるいま，将来どのような社会環境の変化が起きるのか，その将来の変化に対して，自社はどのような課題解決をしていきたいのか，それぞれの日本企業がビジョンを策定し，それに対して，それを具体化してい

くために事業戦略を策定していく，そのようなプロセスが求められるのではないかと考えるようになった。そして，多くの企業の経営者の皆様とメガトレンド，そしてバックキャスティング型の戦略策定について，議論を進めるようになった。実際，多くの日本企業の経営者がそうした問題意識を強く持ち始めている。そして，その多くの企業が具体的活動を取り始めている。

こうした議論をしていくなかで，企業経営者の皆様から悩みとして共有をうけたのは，戦略実行力だ。戦略を策定しても，その実行力に乏しい。組織が硬直化し，市場環境の変化に弱くなっているなどの悩みの共有をうけた。そして，議論を進めるうちに，ビジョンを持ち，自社は何を目的に事業をしているのか，どのような社会的課題を解決しようとしているのかということを社員に腹落ち，浸透させていくことが，戦略実行力を高めることに必要だと考えるようになった。自分たちがどうして事業をしているのか，どう社会に貢献できているのか，それはすなわち，従業員の活動の礎になっていくと考えるようになった。

私は日本企業には，まだまだ大きなポテンシャルが残されていると考えている。もちろん，自動車やエネルギー業界に見られるような業界構造の破壊的変化はあるが，組織としてビジョンを作り出していく力を今一度，日本企業のなかに取り戻していくべきだ。そうした思いから，この本を書こうと思った。本書が，不確実性の市場環境のなかで，戦略実行力を高めていきたいと考えている日本企業の皆様の参考になれば，本当に幸せなことだと考えている。

2018年12月

野村総合研究所　パートナー

青 嶋 　稔

目　　次

まえがき

第1章 ■ なぜいま戦略実行力か？ —————————— 1

1　不確実性が高まる経営環境 ————————————— 2
　⑴　技術革新による経営環境の変化 ———————————— 2
　⑵　グローバル化する市場環境による複雑化 ——————— 5

2　絵に描いた餅に終わる戦略 ———————————— 8

3　求められる戦略実行力 ———————————————— 10

第2章 ■ 中期経営計画は本当に必要か？ ————— 15

1　中期経営計画における問題 ———————————————— 16
　⑴　できない計画をたてていないか ——————————— 16
　⑵　ローリングに無駄な力をかけていないか ————— 18
　⑶　急激な経営環境の変化に対応できているか ————— 18

2　戦略実行力を高めるための方向性 ——————————— 19

3　戦略実行力を高めるために必要なこと ——————— 20
　⑴　ビジョンを描く ————————————————— 20
　⑵　戦略策定と推進機能の強化 ————————————— 21
　　①　バックキャスティングによる戦略策定　21
　　②　戦略を推進するための組織機能　22
　⑶　戦略実施体制の整備 ————————————————— 23
　　①　ルールメイキングとリスク管理　23
　　②　本社機能の強化　24
　⑷　全社大での戦略推進力 ———————————————— 25
　　①　外部，内部へのコミュニケーション　25

② 戦略実行力を高める前線への権限委譲　26

　　(5)　人　　材 ──────────────────────── 27

　4　戦略実行力を実現するための前提条件 ──────── 28

　　(1)　中期経営計画の抜本的見直し ───────────── 28

　　(2)　経営におけるインテリジェンスを高める仕組み ───── 29

　　(3)　経営の一貫性 ─────────────────────── 30

第3章 ■ 戦略策定 ────────────────────────── 33

　1　ビジョンの策定とそれを具現化する戦略策定 ───── 34

　　(1)　戦略策定における問題点 ───────────────── 34

　　　① 戦略的思考の不足　35

　　　② 戦略的な資源配分に向けた意思決定力の不足　36

　　(2)　メガトレンドをどう読み解くか？　欧米企業の先進事例の
　　　　戦略的思考と資源配分に向けた意思決定 ───────── 37

　　　① メガトレンドを策定するシーメンス　38

　　　② メガトレンドから重点事業領域を明確にするデュポン
　　　　 42

　　　③ 中長期のシナリオプラニングを行うシェル　43

　　(3)　ビジョンの策定 ────────────────────── 45

　　　① メガトレンドの描出とモニタリングの仕組み構築　45

　　　② メガトレンドの読解　47

　　　③ 関係者（社員や顧客等）を巻き込んだビジョン策定　48

　2　バックキャスティングによる戦略策定 ───────── 50

　　(1)　戦略策定における問題点と解決の方向性 ─────── 50

　　(2)　先行事例 ───────────────────────── 51

　　　① メガトレンドから再生医療での成長戦略を推進する富士
　　　　フイルム　52

　　　② 選択と集中から中長期成長領域を見据えた成長戦略を策
　　　　定する三菱電機　53

　　　③ メガトレンドから長期経営計画を策定するオムロン　54

（3）　バックキャスティングによる戦略策定 ―――――――― 61
　　　　①　ビジョンを実現するために重要なキードライバーを明確
　　　　　　にする　62
　　　　②　自社の強みを徹底的に分解する　63
　　　　③　染みだし領域の議論により，なぜ自社がそれを行うのか
　　　　　　の理由づけを明確にする　67
　　　　④　ビジョンで目指すために自社に足りないリソースを明確
　　　　　　にし，獲得方法を検討する　68

　3　戦略を推進できる組織作り ――――――――――――――― 72
　　（1）　戦略実行における組織上の問題と改革の方向性 ――――― 72
　　（2）　戦略遂行のための組織機能 ― 先行事例 ―――――――― 75
　　　　①　共通価値観により組織機能を高めるコマツ　75
　　　　②　新規事業における組織機能を高めるコニカミノルタ　78
　　（3）　戦略実行力強化のための組織作りに向けて ―――――――― 80
　　　　①　共通価値観の醸成　80
　　　　②　地域・顧客軸での組織機能の再設計　81
　　　　③　失敗の許容と失敗から学ぶ組織　83

第4章 ■ 戦略実行力を高めるために求められる機能 ―― 87

　1　リスク管理とルールメイキング ―――――――――――――― 88
　　（1）　高まる事業リスク ―――――――――――――――――――― 88
　　　　①　グローバルな市場環境の大きな変化　91
　　　　②　技術変革の進展による破壊的市場環境の変化　94
　　（2）　日本企業の問題 ――――――――――――――――――――― 95
　　　　①　市場環境の変化に対して後追い　95
　　　　②　リスク管理・ルールメイキング体制の不備　96
　　（3）　先行事例 ―――――――――――――――――――――――― 98
　　　　①　事業戦略実現のためのリスク管理力を高めるハイドロワ
　　　　　　ン　98
　　　　②　ルールメイキングを組織的に推進するウォルマート　100

③　乳酸菌飲料の認知度向上に成功したヤクルト　102

④　中国において，インバーターの経済性・環境性能をロビイングしたダイキン　102

(4)　戦略実行力を高めるリスク管理とルールメイキング —— 103

①　リスク管理の強化　104

②　ルールメイキング機能の強化　106

2　コーポレート本社機能の強化 ——————————————— 112

(1)　戦略策定と戦略実行フォローにおけるコーポレート本社の問題 ————————————————————— 112

①　事業部門の戦略のホッチキス止めに留まっている　112

②　将来のポートフォリオを描いた戦略策定が弱い　113

③　海外地域の事業における肌感覚に乏しい　114

(2)　先行事例 ————————————————————— 114

①　事業ポートフォリオを大きく転換した三菱電機　114

②　成長戦略実現に向けて大きく事業の構造転換を進める日立製作所　115

③　GEが推進するGGO機能　119

(3)　本社機能強化のために何をすべきか？ ————————— 120

①　グローバル本社機能の構築とリージョン本社機能の構築　120

②　メガトレンドから将来の事業ポートフォリオの構築　122

③　社内リソースの棚卸しと強みの整理　122

④　重点地域と地域戦略の策定　123

⑤　戦略を実行できる組織機能のデザイン　124

3　戦略コミュニケーションの向上 —————————————— 126

(1)　戦略コミュニケーションにおける問題点 ————————— 126

①　従業員とのコミュニケーション　127

②　投資家・債権者とのコミュニケーション　128

③　仕入先などパートナー企業とのコミュニケーション　128

④　顧客とのコミュニケーション　128

⑤　地域社会・行政機関とのコミュニケーション　129

　⑵　先行事例 ——————————————————————— 129

　　①　大きく事業構造を変革し，従業員への腹落ち感覚を醸成
　　　　したデュポン　129

　　②　トヨタのステークホルダーミーティング　132

　　③　地域社会と一体で事業するリコー　133

　⑶　戦略コミュニケーション強化における方向性 ————— 135

　　①　各種ステークホルダーとのコミュニケーションの強化
　　　　136

　　②　横断的施策としてのステークホルダーミーティングの開
　　　　催　139

4　戦略実行を支える権限委譲 ————————————— 141

　⑴　戦略実行における組織権限上の問題 ———————————— 141

　　①　日本企業のグローバル化の経営と現状　141

　⑵　先行事例 ——————————————————————— 143

　　①　GEが推進するGGO（地域への権限委譲）　143

　　②　事業に対する責任の明確化を進め，意思決定スピードを
　　　　あげた三菱重工業　145

　⑶　権限委譲に向けて ————————————————————— 147

　　①　本社が持つべきガバナンス　147

　　②　事業に対する権限委譲〜事業格付けと権限委譲，責任と
　　　　権限の設定　148

　　③　地域に対する権限委譲　150

5　戦略実行を支える人材育成 ————————————— 153

　⑴　戦略実行における人材育成での問題 ———————————— 153

　　①　中長期戦略を実現するためにどのような人材が必要か不
　　　　明確である　154

　　②　必要な人材を育成する育成プランに落としきれていない
　　　　155

　⑵　先行事例 ——————————————————————— 156

　　①　GEの人材育成　156

②　オムロンのTOGAとROIC経営　161
　(3)　戦略実行力を高めるための人材育成の方向性 ―――― 167
　　①　ビジョンを実現するためのポジションの明確化と優秀人
　　　　材配置による育成　167
　　②　戦略実行における社員自ら育つ場と仕組みの提供　168
　　③　戦略実現のためのプロセス可視化とフォロー　169

第5章 ■ 不確実性の時代に ―――――――――――――――― 171

1　求められる不確実性への対応 ―――――――――――― 172

2　環境変化の把握と対応力 ―――――――――――――― 175

3　戦略実行状況におけるモニタリング ―――――――― 181

　(1)　戦略を実現するために必要となる重要なKPIを
　　　モニタリングする ――――――――――――――――― 181

　(2)　環境変化に合わせて，戦略を見直す ――――――――― 183

　(3)　小さな失敗から多くを学ぶ ―――――――――――― 184

4　不確実性が高まる時代に対応するために ――――――― 186

　(1)　環境変化への組織感度を上げる ―――――――――― 186

　　①　経営会議の仕方を変える　186

　　②　外部有識者を交えて会議をする　187

　　③　ビッグデータの解析などITを駆使する　188

　(2)　環境変化に応じた戦略のオプションを策定しておく ― 189

　　①　確実に起きることへの備え　189

　　②　予想される大きな市場環境の変化への対応の準備　190

あとがき　193

—第1章—

なぜいま
戦略実行力か？

不確実性が高まる経営環境
- 技術革新による経営環境の変化
- グローバル化する市場環境による複雑化

絵に描いた餅に終わる戦略

求められる戦略実行力

1 不確実性が高まる経営環境

> **Point** ☞
>
> 　技術革新による経営環境の変化は激しくなっており，不確実性が増すばかりだ。例えば，自動車業界を見てみると，CASEといわれる大きな市場環境の変化に見舞われている。このような非連続な変化は自動車業界にとどまらない。重電業界も再生可能エネルギーの急速なる普及により，大きな変化に見舞われている。電気業界，事務機業界も同様である。
> 　グローバル化する市場環境による複雑化がおきている。企業の活動範囲がグローバル化されることに伴い，その事業環境は複雑化している。過去より，グローバル化が早かった自動車メーカーや家電メーカーはもちろんのこと，内需を中心としていた食品メーカー，飲料メーカーも多くが海外事業の比率を高めている。これにより，市場環境の変化は早く，かつより複雑になっている。

(1) 技術革新による経営環境の変化

　企業を取りまく経営環境は不確実性が増すばかりだ。例えば，自動車業界を見てみよう。自動車業界では，CASEといわれる市場環境の大きな変化に見舞われている。100年以上も続いている内燃機関によるパワートレインが大きく変化し，モーターと電池による電気自動車の世界に変化しようとしている。長らく自動車業界に身をおく人々にとって，この変化は予想していないものだっただろう。この環境変化により，自動車業界は大きな変革を迫られている。

　日本の自動車業界は，完成車を作る自動車メーカー，そしてティア1，ティア2，ティア3といった系列構造となっており，これは内燃機関を前提として，最適化されたすり合わせの仕組みであった。こうした過去からの長い期間で蓄積された技術とそれを事業として展開するために最適化された日本の強みが，

現在の大きな技術の変化により，弱みになりかねないという事態に陥っている。しかも自動車はUberなどの出現により，「所有する」から「使用する」形態に大きく変化しており，必要なときに使う形態へと大きく変化している。さらに通信環境が高速化し，5Gの時代が到来すると自動車はインターネットにつながり，様々な情報とつながっていくこととなる。自動車から発信される位置情報に基づき，様々な情報がドライバーに発信され，ドライバーをレストランに送客するなどのサービスや，自動車部品の状況監視を行い，走行中の部品の交換を促すなど様々なサービスが可能となるだろう。

　このような非連続な変化は自動車業界にとどまらない。例えば，重電業界でも大きな変化が起きている。いままでは，重電業界は，電力会社を中心的な顧客とし，高効率なガスタービンを開発し，設置し，設置後のサービスを行うことで，ホットパーツなどの保守部品の交換をする事業モデルにより，収益を得ることができた。しかしながら，こうした事業モデルは限界にきている。ひとつは，再生可能エネルギーの価格が太陽光の普及により，大幅に下落しているからだ。こうした環境変化によって，ガスタービン事業は大きな苦境に直面している。電力は電力会社に配置された発電設備から集中的に供給されるモデルから，様々な場所に設置された太陽光発電，分散型の発電エンジン，蓄電池，電力市場からの電気の供給など様々なものを組み合わせ最適化していくモデルへと変化している。つまり，中央集権型モデルから分散型モデルへと大きく変化しているのである。こうした状況に対して，重電会社は対応に苦慮している。工場を保有する重電メーカーは，純粋なサービス会社となることも難しい。なぜならば工場を保有し，そこに多数の従業員がいるからだ。そのため，重電メーカーは風力，太陽光，蓄電池などの再生可能エネルギー関係の事業を伸ばすとともに，従来の製品事業中心の事業から，サービス事業も組み合わせた形での事業モデルの転換を進めることが必要となっている。

　電気メーカーも過去より，多くの非連続な変化に直面してきた。従来から強かったアナログのすり合わせから，デジタル化に伴い，その強みの源泉であるすり合わせ技術が競争力とならなくなってしまった。その結果，韓国メーカー

に大きく市場シェアを取られ，現在は中国メーカーがその価格競争力と品質の向上で市場において，中心的ポジションを取ろうとしている。黒物家電製品，携帯電話などについては，韓国企業が市場を席巻し，さらに中国企業が世界市場シェアを大きく向上させている。また，白物家電については，日本企業は様々な再編により事業売却を進めてきた。

　元来，日本企業が強かった複写機など事務機も同様だ。いまだ，Ａ３複写機では，日本企業が市場シェアでは圧倒的に高い。しかしながら，市場ではＡ４機の比率が圧倒的に高まっているのだ。A4機であればHPなどのプリンタメーカーが優位となる。さらに，スマートフォン，タブレット端末の普及，通信速度の高速化により，伝達の手段が紙から電子媒体に変化している。また，情報量は圧倒的に増えている。

　こうした状況において，オフィスでの複写機の位置づけも大きく変化している。さらに，複写機メーカーは，元来その強みを複写機の直販モデルとしてきたが，これまでの強みが高い販売費・一般管理費となり，弱みになりかねない。そのため，新しい事業創造に必死になっている。

　こうした変化は，アナログからデジタル，インターネットの普及とその高速化などの通信インフラの変化，そこから獲得されるビッグデータとその解析技術の進歩などにより，もたらされている。そして，それらの技術は米国，ドイツといった先進国を中心として供給されるものから，中国，インド，特に，イノベーションの発信拠点としての，中国の存在価値が高まっている。そのなかでも，深圳などを中心としたハードウェアを絡めたイノベーション，北京を中心としたAIを絡めたイノベーションなど，その幅の広さとスピードで群を抜くものを見せ始めている。

　こうした変化のスピードは，日増しに向上し，起きる変化はますます非連続なものとなっているため，予測が難しくなっている。

　技術革新の進歩とその進化スピードの加速度的高速化により，事業環境はより目まぐるしく変化していく。スマートフォンが普及したことにより，個人はどこからでもインターネットにアクセスできるようになった。センサー技術，

スマートフォンの普及により，様々な機器，人々がインターネットにつながり，いつどこにいても情報にアクセスできる，もしくは位置情報を発信できるようになった。これにより，さらに様々な技術革新が起きるだろう。

また，ブロックチェーンの発達などにより，中央取引所を経由しなければできなかった金融取引が分散で行うことが可能となった。これにより，サプライチェーン，金融ビジネスに大きな変革が起きている。

このように，技術革新は，事業環境に劇的な変化をもたらし，事業環境をよりいっそう複雑にしている。

⑵　グローバル化する市場環境による複雑化

そして，企業の活動範囲がグローバル化されることに伴い，その事業環境は複雑化している。グローバル化が早かった自動車メーカーや家電メーカーはもちろんのこと，内需を中心としていた食品メーカー，飲料メーカーも多くが海外事業の比率を高めている。重電メーカーも過去は国内の電力会社向け事業を中心としていたが，現在の事業範囲はよりグローバルになっている。

その事業範囲がグローバル化することに伴い，様々な複雑性が増している。例えば，サプライチェーンにおいては，原料，部品加工，製造，サービスの各バリューチェーンはグローバルに広がる形となっている。これに伴い，事業環境の変化の幅がよりいっそう広がっている。

そして，事業がグローバル化したことに伴い，新しい技術領域，販売チャネル，サービス網などの獲得のため，海外の企業を買収することも増えた。日本企業の海外でのM&Aの件数は増大を続けている。

昨今の日本企業の買収は特に海外案件が増えており，その規模が顕著に大型化している。こうした状況において，被買収企業との統合，戦略のすり合わせと統合，実行において，過去においては内部リソースのみで行っていたのとは異なる難しさに直面している。また，こうした環境に伴い，買収を行ったものの，戦略の策定，実行において，困難に直面し，買収が失敗に終わるケースも増えている。

	図表 1 - 1	日本企業による海外企業の買収		
	買収企業	被買収企業	金額（発表ベース）	発表日
1	武田薬品工業	シャイアー	6兆8,000億円	2018年5月
2	ソフトバンク	アーム・ホールディングス（英）	3兆3,000億円	2016年7月
3	日本たばこ	ギャラハー（英）	1兆7,300億円	2006年12月
4	サントリー	ビーム（米）	1兆6,800億円	2014年1月
5	ソフトバンク	スプリント・ネクステル（米）	1兆5,700億円	2012年10月
6	伊藤忠／チャンロン（タイ）	中国中信集団子会社（中国）	1兆2,000億円	2015年1月
7	東京海上	HCCインシュアランス（米）	9,400億円	2015年6月
8	三井住友海上火災	アムリン（英）	6,400億円	2015年9月
9	明治安田生命	スタンコープ（米）	6,200億円	2015年7月
10	日本郵政	トール・ホールディングス（豪）	6,200億円	2015年2月
11	日本たばこ	レイノルズ・アメリカン一部事業（米）	6,000億円	2015年9月
12	第一生命	プロテクティブ（米）	5,800億円	2014年6月
13	三井住友フィナンシャル	日本GE（米）	5,750億円	2015年12月
14	住友生命	シメトラ・ファイナンシャル（米）	4,600億円	2015年8月
15	NTTデータ	デルのITサービス部門（米）	3,500億円	2015年3月
16	ソフトバンク	日本テレコム（米リップルウッド）	3,400億円	2004年5月

（出所）日本経済新聞など各種メディア発表より作成

　さらに，アメリカのトランプ大統領による貿易政策が大いなる不安定なリスク要因となっている。アメリカと中国の貿易戦争は日本の産業にも大きなインパクトを与えている。自動車業界，鉄鋼，アルミニウムなどの素材産業において，その関税政策は，大きな事業機会を失うリスク要因となっている。

　また，中国の台頭も複雑性を増しているといえる。中国は最大の自動車市場であるため，自動車メーカーとしては重要なマーケットである。しかし，中国

第1章　なぜいま戦略実行力か？　7

図表1-2　日本企業による買収：損失が計上された案件

企業名	被買収企業	買収年	概要
日本板硝子	ピルキントン（英）	2006年	買収後，6回の最終赤字を計上するなど厳しい状況が続いた
東芝	ウェスティングハウス（米）	2006年	WHの収益悪化で，2017年3月期に減損損失7,125億円
第一三共	ランバクシー（インド）	2008年	米国による医薬品輸入停止のため業績低迷，2015年に売却
キリン	スキンカリオール（ブラジル）	2011年	他社との競争激化などで業績が低迷し，2017年に売却
丸紅	ガビロン（米）	2012年	想定していた相乗効果が得られず，2015年3月期に減損損失　430億円
LIXIL	グローエ（独）	2013年	グローエの中国子会社で不正会計，最大660億円の損失
日本郵政	トール（豪）	2015年	豪経済減速などで業績が悪化，2017年3月期に減損損失　4,003億円

（出所）日本経済新聞など各種メディア発表より作成

はEV化への舵を急速にきっており，こうした環境変化において，世界最大の中国市場での事業機会を獲得していくためには，様々なリスクを伴う可能性がある。

中国市場においては，かねてより，知財の問題，違法コピー商品によるブランドの侵害，プリンタや自動車部品に見られるサードパーティ品による消耗品，サービス事業での機会ロスなど，様々な事業リスクがある。さらに，東南アジアやアフリカなどの新興国でも，現地政府の方針の変更など，先進国にはない多くのカントリーリスクが伴う。

こうした多くの事業がグローバル化している今日においては，これまでにない事業環境の複雑化をもたらしている。

2 絵に描いた餅に終わる戦略

Point ☞

　戦略を着実に実行していくことには，より多くの困難が伴っている。中期経営計画で策定した計画が，昨今はその事業環境がより複雑化しているため，計画を策定したころから，その期間内に前提としていた市場環境が大きく変化してしまい，実行を伴わなかったということもある。これが戦略の実行力を弱め，戦略が絵に描いた餅に終わってしまうことにもつながっている。

　また，戦略は策定するもリソース計画が伴っていないため，戦略が絵に描いた餅に終わってしまうことも多い。

　こうした複雑な事業環境において，戦略を着実に実行していくことには，より多くの困難が伴っている。中期経営計画で策定した計画が，その期間内に前提としていた市場環境が大きく変化してしまい，実行を伴わなかったということもあるだろう。

　では，どうして戦略は絵に描いた餅に終わってしまうことが多いのだろうか。

　それは，先述したように，事業環境が激しく移り変わることにより，戦略を策定した時点と，事業環境の前提が異なっていることがあるからである。

　昨今はその事業環境はより複雑化しているため，計画を策定したころから，大きく環境が変化してしまうこともある。これが戦略の実行力を弱め，戦略が絵に描いた餅に終わってしまうことにもつながっている。

　事業環境の変化に対するモニタリング，戦略の実行状況についてのモニタリングを行いきれず，市場で起きている大きな変化の予兆を見逃し，対応が遅れてしまうことも多い。事業当事者は肌身をもって感じている変化が多いが，事業当事者となると，その変化に対して大きな方向転換を意思決定することが難しいことが多々ある。それはIR等で戦略として数字目標とあわせコミットメ

ントしているため，その旗を下しにくいことが理由としてあげられるだろう。こうした事業環境の変化に対して後手に回ってしまうことで，環境変化に対応しきれないことも多い。

また，戦略を策定するもリソース計画が伴っていないため，戦略が絵に描いた餅に終わってしまうことも多い。例えば，製品事業からソリューション・サービス事業にその事業構造を変換していくためには，それを展開できる人材リソースを育成，獲得することが必要となるだろう。しかしながら，戦略は策定するが，戦略を実現するためのリソース計画が伴っていなく，戦略を実現するための人材が乏しかったという話をよく耳にする。本来であれば，戦略を実現するためにどのようなリソースが必要になるのか明確なる棚卸しと育成計画，獲得計画を策定することが必要となるが，そこまでの検討が行われていないことも多い。

例えば，製品中心の事業からソリューション・サービス事業にその事業構造を大きく変革させていく戦略を策定していても，それを実現していくためには，顧客ニーズに対する理解を行い，要件定義をし，自社製品，他社製品，ソフトウェア，サービスなどを組み合わせて提案していくリソースが求められる。さらに，昨今であればデジタル化に伴い，様々なデータが取得可能になったことから，デジタルデータの分析を行い，解析結果に基づく提案を進めていける人材が必要となる。こうした人材の獲得には，求められる役割を明確にし，人材の育成を行うか，もしくはそうした要件を満たしている人材を外部から獲得するなどのリソース獲得を進めなければならない。しかしながら，多くの日本企業においては，こうした求められる人材リソースの具体化を行わず，戦略を実行するために必要となる人材が充足されない状態のまま，戦略が実現されず，時間だけ経過してしまうことも多い。

よりいっそう大事なことは，会社としての目指すべき方向性，ビジョンが明確に打ち出されていないまま，戦略を策定していることになっていないかということである。つまり，会社として何を目指しているのか，ビジョンが明確になっていない状態で，中期経営計画だけが策定されているという状態だ。この

場合，その戦略は現在の事業環境の延長線上に策定されていることが多い。経営陣の間で，この先，一体どのような事業環境の変化が予想されるのか，それに対して，自社はどのような会社になっていきたいのかというビジョンが明確に策定され，共有されていない状態で，多くは3年間といった期間での中期経営計画が策定されると，その計画は，ビジョンに基づかない単なる数字目標になってしまう。こうした戦略は，目指すべき姿の核が定まっていないため，市場環境が変化すると，その実行力に多くの脆さを伴うことが多い。

　元来，日本企業は長期の経営思考であった。しかしながら，四半期決算などのIR，欧米の経営指標の導入により，その経営管理はより短い時間軸での管理が行われるようになった。さらに，IRの関係で公開する指標管理が多くなり，過去より，日本企業が持っている定性的ではあるが目指す姿を共有するといったビジョンの策定や，長期思考で経営する日本企業の良さが薄れていったのではないか。

　こうした状況が戦略を絵に描いた餅に終わらせている要因ではないかと考えられる。

3 求められる戦略実行力

> **Point** ☞
>
> 　戦略実行力を高めることが日本企業には求められている。市場環境の変化はよりいっそう激しくなるだろう。自動車，エネルギー産業など，現在の産業構造が大きく変化してしまう業界も多い。こうしたなか，より長期のビジョンを持ち，どのような会社を目指すべきなのかを議論することが求められる。

　こうしたなか，戦略実行力を高めることが日本企業には求められている。市場環境の変化はよりいっそう激しくなるだろう。自動車，エネルギー産業など，現在の産業構造が大きく変化してしまう業界も多い。こうした状況においては，

より長期のビジョンを持ち，どのような会社を目指すべきなのかを議論することが求められる。

このような不透明な社会において，長期のビジョンを作ることは非現実的にも聞こえる。先が読めない時代で，長期のビジョンを考えることにどれだけの意味があるのだろうか？　そのようなことは現実的なのだろうか？　という議論もある。

しかしながら，先が見えない不透明な現在だからこそ，長期を見て，ビジョンを策定することが必要なのではないだろうか。将来どのような変化が起きるかを議論することは，それらの変化に対して，自社がどのような対応をしていくべきか，もしくは自社がどのような社会的ニーズを創出していくべきかを議論することとなる。こうしたことを経営陣が議論し続けることにより，自社が，予想される社会の変化に対して，どのように対応していくのかを議論し，予想される変化に対してどのように対応していくのか，さらに社会的ニーズをいかに創出するのかを構築することができる。様々な非連続な変化について年に一度でも議論を尽くすことにより，経営陣が変化への対応力をつけることができる。これが戦略の実行力をあげていくうえでは，非常に重要なる対応力につながっていく。

このような変化への対応力をつけていくことが戦略実行力には欠かせないのである。大事なことは，世の中の変化が自社にとってどのような意味を持つだろう。様々に起こる変化は脅威でもあるし，機会にもなる。予想される世の中の変化が自社にとってどのような事業機会となるのかについて常に議論を尽くすことが必要になるだろう。こうしたプロセスを経て，変化に対してそれらの自社の事業とのつながり，事業機会を見出す組織力を高めることができるだろう。

ここで，先行事例をひとつ紹介したい。長期のビジョンを明確に策定し，自社の経営理念と事業で実現すべきことを明確に策定している会社にオムロンがある。オムロンは長期の時間軸で，ビジョンを策定し，事業でどのような社会的課題を実現するのかを明確に打ち出している。その長期ビジョンは10年を単

位として作られている。

現在のビジョンは，VISON2020であり，2011年度に策定されている。そのビジョンは，「感じる，考える，制御する，人と地球の明日のために。」と表現されている。

オムロンは自社の強みをセンシング＆コントロール技術と定め，それらの技術で接続可能な地球と社会の実現のため，質量兼備の社会価値創造企業を目指している。

オムロンの企業理念は，われわれの働きで，われわれの生活を向上させ，よりよい社会をつくることである。そして，自らの大事にする価値観をOUR VALUEとして定め，ソーシャルニーズの創造，絶えざるチャレンジ，人間性の尊重の３つを定めている。そして経営のスタンスとして，「企業は社会の公器である」との基本的考え方のもと，企業理念の実践を通じて，持続的な企業価値の向上を目指すとしている。そして，それぞれの事業が社会的価値の課題を解決することを明確にうたっている。

そして，重点事業ドメインであるFA，ヘルスケア，モビリティ，エネルギーマネジメントにおいて，それぞれの事業でどのような社会的課題を解決するかを明確にしている。例えばヘルスケア事業については，高血圧に起因する脳・心血管疾患の発症増加，全世界で増加する呼吸器疾患を自社が解決するべき社会的課題と捉え，それに対して，世界中の一人ひとりの健康で健やかな生活への貢献，具体的には，脳・心血管疾患の発症ゼロ（ゼロイベント），喘息重症化ゼロの実現に向けた取り組みを加速させることを提供価値として実現しようとしている。

さらに，戦略実行力を高めるためにオムロンは理念実践度表彰制度TOGA（THE OMRON GLOBAL AWARD）を推進している。理念の浸透については，全社員にＡ５サイズの理念解説冊子を配布し，その認知と浸透を行っている。また，理念ダイアログとして，互いの理念に対する思いや実践事例をベースに，今後どのような行動をとっていくか，どのような行動はやめるべきか対話するワークショップを開催している。そして，TOGAにおいて，事業を通じて，ど

第1章 なぜいま戦略実行力か？

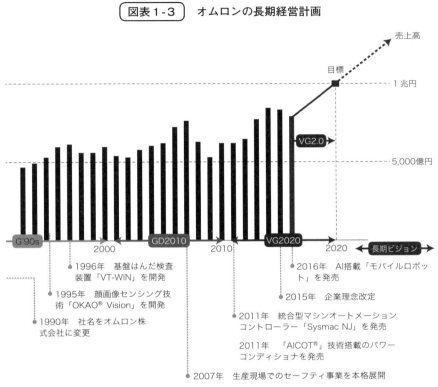

図表1-3 オムロンの長期経営計画

（出所）オムロンIR資料

のような社会的課題を解決したのかを発表し，表彰する仕組みを持っている。つまり，事業を通じた社会的課題の解決をチームでの実践を通じて仕事と企業理念のつながりを実感し，仲間とチャレンジに共鳴しあうことで仕事の質を高めている。TOGAにおける参画の応募数は2017年度において，4万を超えている。最終的には地域予戦を勝ち抜いた優秀者が京都本社において，立石会長，山田社長の前で発表を行うことにより，自らが自発的に社会的課題の解決をチームとして行い，社員への戦略の浸透を進めている。

長期のビジョンがあれば，会社として，何を大切にして，どのような社会的課題に対して，その解決を行うのかという会社の方向性が定められる。それがない状態で，中期経営計画だけをまわしていたら，疲労感がたまるだけだろう。

　実際，私も職業柄，様々な企業の経営企画の方とお会いするが，多くの方々が，中期経営計画をまわし続けることに疲労感を募らせている。中期経営計画は3年という期間が多いが，サラリーマン社長の任期からきているのかもしれないが，3年だと，世の中が変化することを考え，思い切って会社を変革していくという思考にはならないことが多い。しかも，売上目標，利益目標は3年分たてるから，思い切った新しい事業構造への変革には取り組めず，現状の延長線上のなかでひたすら中期経営計画のローリングと結果の収集，フォローを繰り返す。経営企画部門も事業部門もそれを行うことにかなりの労力をかけている。これでは，いつまでたっても同じところをぐるぐる回っているだけではないか，そんな疑問を感じることが多い。

　私は日本企業が中期経営計画への対応といった社内業務で忙殺され，変化への対応力を失っているような気がしてならないのである。

　いま，日本企業に求められるのは，ビジョンに基づいた戦略である。環境が激しく変化していくなか，自社はどのような社会的課題を解決するのか，どのような強みをもとにどのような提供価値を実現していくのか，中長期の環境変化のなかで，どのような社会ニーズの創造をしていくのかを明確に定めていくことが求められている。いまこそ，日本企業は長期ビジョンに基づき，激しい環境変化に対応しながら，戦略実行力を高めていくことが求められているのである。

―第2章―

中期経営計画は
本当に必要か？

中期経営計画における問題
- できない計画をたてていないか
- ローリングに無駄な力をかけていないか
- 急激な経営環境の変化に対応できているか

戦略実行力を高めるための方向性

戦略実行力を高めるために必要なこと
- ビジョンを描く
- 戦略策定と推進機能の強化
- 戦略実施体制の整備
- 全社大での戦略推進力
- 人　材

戦略実行力を実現するための前提条件
- 中期経営計画の抜本的見直し
- 経営におけるインテリジェンスを高める仕組み
- 経営の一貫性

中期経営計画における問題

> **Point** ☞
> 中期経営計画には多くの労力をかけているが、その効果を再確認すべきではないか。3年という策定期間が多い中期経営計画では、大きく変化する非連続な将来を見据えた現在を描くことは難しい。現状の積み上げであれば単年度の事業計画だけで十分である。

　かねてから、多くの日本企業を見てきて、感じていることがある。中期経営計画とは日本企業にとって、どのような役割を果たしているのだろうか？　また、果たすべきであろうか？

　その答えは、その人の立場によって、様々だろう。もちろん、戦略を立てるということは大事だし、事業環境が現状の延長線上であればいいが、変化が大きい現在にあっては、現状の延長線上に描いた戦略では将来行き詰るだろう。こうした環境下において、筆者が中期経営計画を策定する意義に疑問を持つことは下記のような理由からだ。

(1) できない計画をたてていないか

　中期経営計画を策定しているが、目標をストレッチングにしないといけないので、思い切った挑戦目標が記載されている。その結果、目標は達成不可能な領域に達しており、振り返ると未達成で終わるということがある。さらに、その未達成理由を事業部門は説明しなければならない。こうしたケースにおいては、事業部門は、中期経営計画を本社からのガイドラインにそって策定しているものの、場合によっては、立案最中から到達は困難と考えているケースすらある。

　もちろん、到達可能な計画をたて、実現している会社もあるので、すべての

会社にあてはまる話ではない。しかし，もしできない計画をたてているのであれば未達成理由をIRで説明する時間を考えると，実効性が高い計画をたてたほうがいいに決まっている。

　多くの企業の中期経営計画は3年の期間で作られている。3年という期間で，非連続な将来を前提とした大きな変革を描き出すことは難しいだろう。ゆえに，本社のガイドラインはストレッチングだが，市場環境の変化を読み，どのように自社の事業構造を変革していくかのシナリオが十分でないため，事業部門の計画のホッチキス止めになる。ゆえに，ガイドラインの目標値と事業部門の積み上げの差分は"えいや"のような形での根拠なき願望の積み上げになり，策定した当人も目標達成へのシナリオが十分に描けていないことさえある。

図表2-1　日本企業の中期経営計画策定期間

業種	企業名	中期経営計画年数
精密機器製造業	リコー	3年
精密機器製造業	コニカミノルタ	3年
重電	三菱重工業	3年
重電	日立製作所	3年
電機	シャープ	3年
電機	ソニー	3年
飲料	アサヒグループホールディングス	3年（長期ビジョンは10年）
飲料	キリンホールディングス	3年
化学	三菱化学ホールディングス	5年
化学	東レ	3年（長期経営ビジョンは10年）
化学	旭化成	3年
建設業	大和ハウス	3年
自動車	富士重工業	6年

（出所）各社中期経営計画より期間を調査

⑵　ローリングに無駄な力をかけていないか

　さらに，そのローリングに無駄な力をかけていないだろうか。毎年，単年度を終えて，修正計画を出して，さらに2年目，3年目着地を策定するというローリングに膨大な時間をかけ，中期経営計画をまわしていく。このローリングにかけている人材の数，コストは膨大なものだ。また，結果として行っていることは，年度の振り返り，それ以降の2年目，3年目の見通しとなり，結局単年度計画策定とあまり変わらない。その労力に対して，やっている当人たちは疑問を感じている場合もあり，"中期経営計画疲れ"が蔓延することもある。そうであれば，確実な単年度計画だけでいいのではないかと思われる。

　つまり，中期経営計画は儀式的になっており，抜本的にあり方を見直さないと，それをローリングすることの意味が薄れていると思われるケースもある。

⑶　急激な経営環境の変化に対応できているか

　中期経営計画の期間に予定調和どおりにものごとが進めばいい。しかしながら，そんなことは起きるわけもなく，環境は大きく変化する。この急激な環境変化に対して，戦略実行力はどれだけあるのか？　つまり，計画策定において，大きな事業環境の変化とそれに対して自社がどのようなポジショニングで戦っていくかの議論が十分ではなく，現在と同じ環境を前提に計画策定している。したがって，大きな変化に弱い。

　しかも日本企業は明らかに変化を起こすのではなく，起きた変化に対応することだけを考えていることが多い。リスク対応もリスク管理するのではなく，圧倒的にクライシス管理になる。起きる前に起きるかもしれないリスクを想定する経営ではなく，起きてしまったあと，対応することがほとんどだ。さらに，変化を起こすために，将来を見据えて必要となる規制を作りにいくなどといったことは弱く，特に欧州企業と日本企業の差は圧倒的に開いている。変化に対

応することのみならず，変化を起こしていく"先読みし，ポジショニングする"戦略が必要ではないか。

 戦略実行力を高めるための方向性

> **Point** ☞
> 　戦略実行力を高めるには，将来起きるだろうメガトレンドを把握し，10年～20年といった長期でのビジョンを策定しなければならない。そのためには，長期の変化を見て，そのなかで自社のポジショニングを考え，そのうえで，いま，この3年で何を行っていくべきかを考えるバックキャスティング型の戦略策定が必要となる。

　では，日本企業が実行力を高められる戦略策定をするにはどうしたらいいだろうか？

　多くの日本企業で見られるのは，戦略策定のスタンスとしては自社のリソースを生かし，いかに成長するかといったリソースベースである。つまり，自社のリソースをどのように最大限に生かし，オペレーションの効率性を高めていくかを極めようとしている。その結果，時代の変化にあわせて，儲かるところを見出していくことが遅いというのが日本企業の典型的な失敗パターンだ。液晶しかり，半導体しかり，携帯電話もそうだ。

　こうした状況を打破するには，日本企業は，戦略策定において，市場環境の変化を捉え，そのなかでどのようなポジショニングを取るかといったことをもっと考えたほうがいいのではないか。そのためには，戦略策定の期間として，3年は中途半端だ。

　3年という周期は，日本企業の社長の任期に影響されていることもあり，社長は自分の任期でできることを考える。その結果，元来，中長期の思考が強かった日本企業は，3年という期間のなかでできることを考えるようになった。しかしながら，大幅に変化する将来を描くというよりは，現在の延長線上にあ

る3年先を描きがちになる。しかし将来起きるだろうメガトレンドを把握するには，業種によって様々かもしれないが，10年～20年といった長期を見ることが必要ではないだろうか。求められるのは，長期の変化を見て，そのなかで自社のポジショニングを考え，そのうえで，この3年で何を行っていくべきかを考えるバックキャスティング型の戦略策定を行うべきだ。

3 戦略実行力を高めるために必要なこと

> **Point** 👉
> 　戦略実行力を高めるために求められるものには，ビジョンの策定，戦略策定と推進機能の強化，強化すべき実施体制，全社大での戦略推進力がある。さらに，これらを支える人材の育成も重要となる。

　戦略実行力を高めるために必要なものには，(1)ビジョンを描く，(2)戦略策定と推進機能の強化，(3)戦略実施体制の整備，(4)全社大での戦略推進力，(5)人材の強化がある。

---

(1) ビジョンを描く

　組織としての，戦略の実行力を高めるために，大前提となるのが長期のビジョンである。

　ビジョンを描くためには，10年先など長期の時間軸のなかで，どのような非連続なる変化が起きるかを想定し，メガトレンドを把握することが必要になる。例えば，シーメンスが実施しているように，自社の事業にとって，インパクトが大きいメガトレンドを把握し，そのメガトレンドが自社の事業にとってどのような意味を持つのか，組織としての解釈を共有したうえで，自社がどのような事業の方向性を目指すのかビジョンを描くといった方法が考えられる。また，シェルが行っているようなシナリオプラニングを用いて，複数のシナリオを策

定し，それに対して自社がどのように対応するか，自社がどのような会社でいたいのかといったビジョンを描く方法もある。

その際，将来に向けて発生する大きな市場環境の変化，新しい脅威となる顧客や競合他社などの市場環境の変化を見ることで，自社を市場のなかでどうポジショニングしていくのかが，戦略としては最も重要な骨格となる。そして，10年後，どのような会社になりたいのかビジョンを描き，それを具現化していく中期の戦略を策定していくという流れを作ることが必要である。そのビジョンが従業員にとって，本当になりたい姿として共有されている状態を作ることが求められる。

メガトレンドを把握したことによる典型的成功事例はボッシュのディーゼルエンジンがある。ボッシュのディーゼルエンジンは2006年の初出荷以降，世界のディーゼル車に採用されており，事実的世界標準となっている。これはボッシュがメガトレンドで，未来を読むとともに，自らが描いた技術のロードマップから顧客のニーズを引き出すことに成功し，市場を席巻しているからである。

(2) 戦略策定と推進機能の強化

次に，描き出したビジョンからのバックキャスティングによる，戦略の策定と推進機能が必要となる。例えば3年ごとに策定される中期経営計画はそのビジョンを実現するために，むこう3年で何をすべきなのか，10年先などの長期で実現したい姿からバックキャスティングを行い，3年先のマイルストーンを明確にしていくという議論が大事だ。さらにその戦略を推進する組織機能が必要となるだろう。

① バックキャスティングによる戦略策定

長期のビジョンを描くことができたら，10年後，20年後に実現したい姿を，3年先などの中期経営企画の期間において，どう実現していくかという議論を行っていく。そのためには，経営陣だけで決定しなければいけない事業ポート

フォリオの大胆な組み換えもあるし，事業部門が考えるべき競争優位を築き上げるための戦略策定もある。

そのどちらにも"腹落ち感"は必要だ。事業ポートフォリオの大胆な組み換えは経営が決めるべきことで，これを合議で議論していたら決定しないだろう。これはいってみれば戦う土俵ごと変えてしまうということだ。しかしながら，現在の土俵上で戦い方を変えることもある。前者の例としては化粧品や医薬に出て行った富士フイルムがある。カメラ，医療機器という世界から一見，飛び地の医薬，再生医療に出ている。後者の例としては事業部門がボトムアップ型で考える戦略策定だ。そのどちらにも，腹落ち感を醸成する大きな理由は自社の強みといかに結びついているかだ。日本企業はどんなに成長する領域でも投資型で進出するだけでは腹落ち感覚は醸成されないだろう。

そして，自社がやる意義がある事業領域の定義を行うことだ。例えば重電メーカーを取り巻く市場環境は，今後デマンドサイドが大きく変化し，大型の発電設備は大きく減少するなかで，これまでと同じ電力会社向け事業は減退していくであろう。ゆえに，重電メーカーが考えなければいけない事業領域はより需要家側に近いところにシフトしなければいけないのかもしれない。

また，自動運転やシェアリングエコノミーなど大きな市場環境変化に直面している自動車会社も自動車を製造することから，自動車を必要なときに快適に使えるプラットフォームやITの仕組み，データ分析などに事業領域が大きく変化する可能性がある。

その際，自社は何を強みにしているのかを解釈し，なぜその領域をやらなければならないのか，また自社の事業との親和性は高いのかをしっかりと議論し，事業領域を定義することが重要となる。

②　戦略を推進するための組織機能

そして，ビジョンに基づく戦略を推進するためには，顧客の変化を察知し，先読みする機能が必要だ。例えば，製品事業を中心としている日本の製造業は顧客の変化を製品基点で捉えがちだ。しかしながら，戦略策定上においても実

行上においても大事なのは顧客の変化を先取りすることだろう。それを実現するためには顧客のニーズの変化を読む，変化を起こすことを仕掛けることが必要だ。こうした機能がある日本企業は少ない。その理由は，日本企業では，顧客のニーズ変化は製品に対する要望から集められることが多いため，製品軸中心に顧客の声が集まるからだ。そのため，顧客ニーズの変化を先取りするにはいままでと同じように製品ニーズをヒアリングするのではなく，大きな社会構造の変化を問題意識として投げかけ，それに対して自社が考える解決策を投げかけ続ける機能が必要となるだろう。つまり，すでに実現されている製品ではなく，B2Bであれば狙いとする業界の今後の変化，消費者であれば消費者の変化を洞察し，新しい用途，価値観，感性への訴求を提言していく機能が必要になる。

　こうした機能は製品事業部門だけでは担えないだろう。市場環境の変化をモニタリングし，顧客のニーズ変化，問題点を分析し，それに対しての解決策を投げかけていくようなアプローチを推進していける組織機能を構築しなければならない。例えば，シーメンスでは，ピクチャ・オブ・ザ・フューチャーを用いて，狙いとする業界ごとの将来の変化を洞察し，顧客の変化を先読みしながら，CT（CORPORATE TECHNOLOGY：本社の研究所）とコーポレートアカウントマネージャーが連携し，シーメンスの技術により，どのような解決が可能であるかを顧客に提言している。

(3)　戦略実施体制の整備

　ここでは，日本企業が特に強化すべき実施体制について述べたい。

①　ルールメイキングとリスク管理

　日本企業が欧米企業に比較して圧倒的に弱いのは，変化を予測し，変化を起こしていく力である。日本企業に必要なのは変化対応型の力ではなく，変化を起こしていくこと，また，変化を先取りし，リスクを読む戦略策定力が必要だ。

市場環境の中長期の変化から今後必要となる規制を先読みすることにより，ルールメイキングしていくことを戦略のなかに織り込んでいくといったことが求められる。

　例えば，デュポンは，オゾン層破壊を防止するため，NGOと協力しながらオゾン層破壊物質の規制を各国に広げる運動を展開し，その結果，1987年にモントリオール議定書が採択され，フロンガスなどの物質の製造が規制された。こうして，デュポンは，フロン代替品需要を生み出すルールを自分で生み出すように働きかけ，グローバルに大きなフロン代替品市場を形成することに成功した。

　ユニリーバは，パーム油を採取するためのアブラヤシのプランテーションの開発が熱帯雨林の破壊の元凶であるという批判に応え，NGOとともに「持続可能なパーム油認証」の自主ルールを作った。さらに，ユニリーバはパーム油の代替品の開発にも取り組んでいる。このように欧米企業は市場の変化を先読みし，自らルールメイキングをしていくことで，新たなる市場を作り出している。

　また，日本企業はリスク対応に弱い傾向がある。リスク管理では今後起きるかもしれないリスクを想定し，リスクが"起こらないように"，そのリスクの原因となる事象の防止策を検討し，実行に移すことが必要である。しかし，日本企業に多いのはリスクが現実化した後の対応であるクライシス管理に終始していることだ。こうした状況を打破し，戦略推進上，起きる可能性があるリスクに対して先読みをし，戦略の実効性を高めることも必要となる。

　戦略リスク，財務リスク，経営環境リスク，ハザードリスク，業務リスクなど，日本企業を取り巻くリスクはより多岐にわたり，かつ，企業活動のグローバル化に伴い，リスクは増大傾向にあるとともに，複雑化をしている。そのため，リスク管理を強化することが求められるのだ。

②　本社機能の強化

　そしてさらに大事なのは本社が何をするかだ。兵站が伸びると本社と遠いと

ころで事業が行われ，市場環境の疎い本社になっていないだろうか。少なくと
も，先に述べたような"ホッチキス止め型"の中期経営計画では，まとめ役の
事務局としての役割しかない。しかし，本社に求められることはそれだけでは
ない。事業部門では気づかないメガトレンドを把握し，さらにそのなかで自社
のポジショニングを考え，戦略策定をリードしていくことこそが本社に求めら
れているのではないだろうか。そのためには本社機能の抜本的強化が必要にな
るだろう。例えば，研究開発のありかた，メガトレンドから事業領域を決定し
ていく機能が必要になるだろう。これには市場における変化，メガトレンドを
把握し，自社の強みから事業領域を策定していくことが求められる。そして，
本社として策定した長期戦略を推進していくために，策定された戦略の実行状
況と市場環境の変化をモニタリングし，着実に戦略実行を高めていくことが必
要だ。

　つまり，戦略実行力をあげていくために，本社は何をすべきであるかを明確
に策定することが必要だ。本社と事業部門は目線の違いを明らかにし，本社に
しかできない時間軸，事業部門ではできない事業のポートフォリオを大胆に組
み換えるなどの意思決定は，本社が経営陣とともにリードしていくべきだ。

　また，事業部門単独で作り出す戦略に対して，本社が入ることの意味はビ
ジョンに基づいた市場の見立てと，事業領域の再定義，さらには自社の強みと
市場機会を関連づけ，戦略を策定していくことにある。そのために，本社が持
たなければならない機能について再定義が必要となる。

⑷　全社大での戦略推進力

①　外部，内部へのコミュニケーション

　全社大での長期戦略の推進をするためには，それを外部，内部にいかに伝え
ていくかが大事だ。外部への発信は，顧客，パートナー企業，地域社会，投資
家などに行われるが，それ以上に，内部へのコミュニケーションともつながっ

ていくことを意識しなければならない。戦略の実行力はまず，従業員がどれだけ理解しているか，腹落ちしているかということが最も重要である。そのため，戦略を浸透させていくためにも外部と内部（従業員）にいかにわかりやすくそれを伝えるかが大事になる。

　例えばコニカミノルタの山名社長は，戦略コミュニケーションに多大な時間を使っている。それは外部への発表，IRなどによるものもあるが，これは社員にとっても大変大きなインパクトを与えている。もちろん，経営者としての山名社長は社員への戦略浸透に力を入れているが，社外への戦略コミュニケーション内容を社員が見ることにより，より強く自社の戦略の方向性を理解し，戦略が社内へと浸透していくことへの大きな役割を果たしている。同社が推進しているTRANSFORMATION（事業構造改革）の推進力は山名社長が持つ戦略コミュニケーションによるところが大きく，同社の社員は山名社長の社内での戦略コミュニケーション，さらに社外で発信されるプレス，インタビュー記事などを見ることで，さらに戦略の一貫性を再認識し，自らが進むべき方向を再確認しており，これが同社の戦略実現力につながっている。

②　戦略実行力を高める前線への権限委譲

　策定した戦略の実行力を高めるためには，地域や事業部門といったレベルにおける戦略実行力を高める仕組みが必要である。なぜならば，日本企業の事業範囲はグローバルに広がっており，日本における事業比率は下がる一方である。そのため，地域における権限の委譲も必要になるだろう。また，事業環境の変化が激しいため，事業部門にはその先端領域ですばやい意思決定が求められるからだ。

　例えば，事業部門に対する権限委譲は，事業の成長性，収益性から事業に対する格付けを行い，成長性が高く，収益性が高い事業については裁量権を委ね，事業における意思決定を早めていくことが必要だ。また，意思決定を早めるために，分社化を行い，独立企業として，経営を推進させることもひとつの方法である。

さらに，地域への権限委譲も求められる。地域統括会社は，地域にある各事業の子会社を束ね，地域としての意思決定機能を有していくことが必要だ。なぜならば，日本から事業部門がグローバルに事業を推進することは，遠い地域における事業の意思決定を行わなければならず，意思決定が遅くなりがちである。そのため，地域側に地域軸で市場開発を推進していく機能をもうけていくことにより，地域への権限委譲を行い地域起点でのマーケティング，事業開発を行うことが求められる。

⑸　人　材

そして，戦略を実行するために必要となる"ひとづくり"は戦略実行力を高める基盤といっていい。例えば，経営陣の"ひとづくり"では，経営者としてのインテリジェンスを高め，10年，20年先を見据えて経営できる経営陣をいかに作り上げていくかだ。そのためには若手から経営陣の候補を見出し，育成していく仕組みも必要になるだろう。さらに，戦略を実行していくために，変革を起こすための重要ポジションの人材をいかに育成していくかといった観点も重要になる。

また，10年後，20年後といった長期視点でのビジョンの実現には，現在の経営陣ではなく，若手社員の参画が必要となるだろう。こうした人材は若手のなかでも優秀人材を抽出し，次世代の経営層の育成プログラムもかねて，ビジョンの策定に参画させることも考えられる。さらにこうした長期のビジョン，そこからバックキャスティングにより策定した戦略を実行に移していくためには，求められる組織機能に対して重要なポジションを明確にし，優秀人材から重要ポジションへのアサイメントをしていくことにより，人材の育成を進めていくことが重要になる。

4　戦略実行力を実現するための前提条件

> **Point** ☞
>
> 　戦略実行力を実現するための前提条件として，中期経営計画の抜本的見直し，経営インテリジェンスを高める仕組み，経営の一貫性による戦略実行力の強化を行っていくことが必要だ。

　最後に戦略実行力を高めるために，前提として着手すべきことを述べたい。まず，社内での動機づけとして，現在の中期経営計画についての抜本的な見直しが必要となるだろう。策定と推進にあたって，自社内のみならず，外部有識者も加えた形で経営インテリジェンスをいかに高めるかが大事な論点となる。また，経営陣がいかに一貫性をもった戦略の策定と遂行を進めていけるか，経営陣の体制，経営継承の論点も重要になるだろう。

(1)　中期経営計画の抜本的見直し

　中期経営計画がなくなったら，何に困るのだろうか？　各事業部は既存の事業のなかで，精一杯の努力の範囲でどこまでできるのかを見極め，それを束ねて中期経営計画としているのであれば，単年度計画のほうがいい。一度，中期経営計画をやめてみることで，何に困るのか明確にしたほうがいいのではないか？

　本社の経営企画部門は中期経営計画というイベントに振り回され，その策定とローリングで忙殺されている。そのため，長い時間軸のなかで，自社のポジショニングなどを考えるゆとりはなくなっている。その結果，事業を推進する事業部門と本社の考える時間軸はさほど変わりがないというのが現状であることも多い。いったん中期経営計画という儀式から解放し，長期でどうしたいのか腰をすえて議論する場をしっかりと持つ，そこから始めてみてはどうだろう

か？

　そうした発想により，いまの中期経営計画に足りないものが見えてくると思われる。中期経営計画が儀式的イベントになってしまっているとしたら，いま一度振り出しに戻って，中期経営計画の位置づけを考えるべきだ。そして，単年度の計画の積み重ねではなく，長期の変化を見据え，いま何をすべきか，バックキャスティング型の中期経営計画を行うことの意義を議論し，社内での納得感を醸成しなければならない。

　そして，ビジョン策定の後，バックキャスティングにより戦略を策定するという流れを構築していくことにより，中期経営計画の位置づけをいま一度見直し，その意義を高めることが求められる。

⑵　経営におけるインテリジェンスを高める仕組み

　さらに，戦略性を高めていくためには，長期の事業環境の変化をメガトレンドの策定などで議論を行ったとしても，そこから生じる大きな市場環境の変化が自社にとって，どのような意味を持つかの解釈ができることが必要だろう。そのためには広い視野が求められる。しかしながら，いまの日本企業の経営陣はある特定事業部門のみをたたき上げであがってきた，もしくは経理，人事などある機能のみを極めてきた人材が形成していることも多い。これは，いまの延長線上に将来があるのであれば問題はないし，むしろ，オペレーションの改善といった日本企業の強みも生きてこよう。しかし，将来が現在の延長線上にないのであれば，むしろ弱みとなってしまう。そうならないために，長期で経営陣をこれからどう作っていくかを検討することが必要だろう。これまでの経営陣の選定の仕方では，将来の大きな市場環境の変化に対応したビジョンを描き，戦略を策定していくことはできない。したがって，長期のビジョンを描くには若手を登用したビジョン策定を行うなど，全社横断のプロジェクトを推進し，そのなかで経営陣が優秀な若手の存在を知り，かつ彼らと接する機会を直接持ち，育成していくことで，若い段階から優秀な人材の視野とインテリジェ

ンスを高め，将来の経営陣を育成していく長期の取り組みが必要だ。

　しかしながら，こうした取り組みには時間がかかる。そこで考えられるのは外部委員会の活用だろう。もちろん，重要な意思決定には取締役会議に社外取締役が参画する。しかしながら，それは決議のための議論であり，ここで必要なのは市場環境に対する認識，そこで必要となる長期での自社のポジショニングの変化を議論できる外部委員会だ。例えば，アドバイザリーボードのようなものを策定し，自動車であれば，シェアリングや自動運転により，市場環境がどのように変化し，自社の事業にどのようなインパクトがあるのか，その際，自社がどうポジショニングをとるべきなのかを専門のアドバイザリーボードをたてて継続して議論するなどの方法もある。

⑶　経営の一貫性

　多くの日本企業では，社長任期はオーナー企業を除き，4年～6年としていることが多く，ビジョンを語るにはさらにそれを戦略化し実行するには任期が短いということがある。こうした状況を打開する方法は2つ考えられる。

　ひとつは，経営者の任期を長くするということだ。これを行うには経営者の育て方から抜本的に再構築しなければならない。つまり，経営者は10年以上の長きにわたり，ビジョンを実現することをその役割とするのであればそれに相応しい人材を若年時代から探索し，育成するプロセスが必要となる。しかし，それには時間が膨大にかかるだろう。

　もうひとつは経営が世代交代してもビジョンを引き継いでいけるチームを作ることだ。野村総合研究所の松田真一が述べている経営リレー(注)のように経営をチームで行い，次の世代の経営者も前代の考え方を引き継いで経営をしていくことだ。例えばコマツは坂根社長，野路社長，大橋社長とぶれない経営を継続している。坂根社長時代はダントツ商品，野路社長時代にはダントツサービス，そして，大橋社長はダントツソリューションを戦略として展開し，社長が代わっても，その戦略の一貫性，ぶれない経営がコマツの強さの源泉となっ

ている。

　つまり，中期経営計画がより実効性の高いものになるためには，長期のビジョンとともに，戦略の一貫性が求められる。そのためには，経営陣は長期ビジョンの期間中は少なくとも一貫した戦略の遂行ができるチーム経営により，戦略の一貫性を高めることが必要だ。こうした一貫性がないと，長期ビジョンを定める意味合いすらなくなってくる。経営が代替わりする都度，戦略の方向性は変わっていき，大きな事業のトランスフォーメーション（変革）をすることはできない。パッチワークのようなつぎはぎ施策の連続では市場環境の大きな変化に対応することは難しいだろう。

　日本企業が真なるグローバル競争の勝者となっていくためには変化を先取りし，自らをポジショニングしていく戦略の構築力，さらには戦略実行力が必要であり，元来もっている長期ビジョンに基づいたビジョン経営の強さを取り戻すための仕組みの構築が急がれる。

(注)　松田真一「経営リレー論（前編，後編）」知的資産創造2016年10月号，11月号

[参考文献]
- 競争戦略としてのグローバルルール（藤井敏彦著）東洋経済新報社，2012年。

—第3章—

戦略策定

ビジョンの策定とそれを具現化する戦略策定
- 戦略策定における問題点
- メガトレンドをどう読み解くか？
  〜欧米企業の先進事例の戦略的思考と資源配分
  に向けた意思決定〜
- ビジョンの策定

バックキャスティングによる戦略策定
- 戦略策定における問題点と解決の方向性
- 先行事例
- バックキャスティングによる戦略策定

戦略を推進できる組織作り
- 戦略実行における組織上の問題と改革の方向性
- 戦略遂行のための組織機能ー先行事例
- 戦略実行力強化のための組織作りに向けて

ビジョンの策定とそれを具現化する戦略策定

> **Point** ☞
>
> 　戦略策定において，日本企業が抱えている問題は，技術革新やグローバル化から生じる非連続な事業環境変化に対する対応力が弱まっていることにある。
>
> 　改革の方向性として，戦略策定において，10年先を考えたビジョンの策定を行うことにより，メガトレンドの策定による将来シナリオと，その変化に対して自社はどのような価値を実現していきたいかを明確に策定することが重要である。
>
> 　先行事例として，シーメンス，デュポン，シェルを取り上げるが，いかにしてメガトレンドを読み解き，自社の戦略を応用しているのかを参考にすべきである。
>
> 　ビジョン策定のために必要となることは，①メガトレンドを描出し，モニタリングの仕組みを構築することと，②自社におけるメガトレンドの意味を読み解く，③ビジョンの策定を行う，の3点がある。

(1) 戦略策定における問題点

　日本企業の戦略策定プロセスは，市場環境の変化がオーガニックに変化していく時代，もしくは変化の幅が大きくない時代に適合していた仕組みのままであり，それを抜本的に変革したケースはごく少数である。現在は，市場環境の変化がより非連続になり，AIなどのICT技術の急速なる進展，急激に進む高齢化の進展など，世界情勢の大きな変化は，現在の事業の進め方を踏襲していただけでは乗り越えることはできないだろう。したがって，自社がどのような市場環境の変化を予測し，それに対してどのような提供価値を実現したいのかといったビジョンを策定することは，急速に進む市場環境の変化に俊敏に対応し，

自社事業の転換を進めていくためには不可欠なものとなる。

　変化の激しい現状に対し，長い時間軸で予測していくことよりも，短い時間軸のなかで，迅速に変化に対応する力を養成していくことのほうが大切であるという考え方もある。しかし，筆者はそうは考えない。変化の激しい時代であるからこそ，考えられる環境変化を予測し，それに対する対応策を事前に考え，自社がどのようにポジショニングをし，どう成長していくかを描き出すことが必要不可欠であると確信している。なぜならば，そうした準備をしておかないと，非連続な変化に直面したときに組織の舵を切ることが難しくなるからである。

　しかし，今の多くの日本企業を見ると，こうした将来の変化を見据えた戦略は少なく，現状の延長線上の予算目標と施策になっていることが多い。それがゆえに，①中長期を読み解くような戦略的思考が欠如するとともに，②戦略的な資源配分に向けた意思決定力不足といった問題を抱え込んでしまっている。

①　戦略的思考の不足

　多くの日本企業は，中期経営計画を3年という期間で区切り策定していることが多く，現状の延長線上での成長戦略にとどまっている。各事業部門が策定した過去の延長線上の将来を前提とした事業計画を束ねたものを全社戦略とするケースも少なくないのが実態である。3年という期間での中期経営計画は，事業構造を大きく変革し，将来なりたい姿を目指すには中途半端であるといえ，結果としては単年度計画の積上げのみの意味合いに終始することが多い。

　そうなると，会社を抜本的に改革することは難しいばかりか，大きな変化を先読みし，環境変化を克服するような勝てる戦略を策定する能力も，それに対してどのように対応するかという組織対応力も弱くならざるを得ない。実際，海外投資家からは，日本企業には戦略的思考が決定的に不足しているという指摘もある。つまり，日本企業はオペレーションエクセレンスでの戦いに勝利してきたが，大きな市場環境の変化を洞察し，そのなかでどのように自社のポジショニングをとっていくのか，競合にどう差別化するのかを戦略的に描き出す

ことを得意としていないのである。変化が激しい現状だからこそ，戦略的思考の強化に向けた抜本的な変革が必要になってくる。

図表3-1 上場企業の中期経営計画の期間（再掲）

業種	企業名	中期経営計画年数
精密機器製造業	リコー	3年
精密機器製造業	コニカミノルタ	3年
重電	三菱重工業	3年
重電	日立製作所	3年
電機	シャープ	3年
電機	ソニー	3年
飲料	アサヒグループホールディングス	3年（長期ビジョンは10年）
飲料	キリンホールディングス	3年
化学	三菱化学ホールディングス	5年
化学	東レ	3年（長期経営ビジョンは10年）
化学	旭化成	3年
建設業	大和ハウス	3年
自動車	富士重工業	6年

（出所）各社中期経営計画より期間を調査

② 戦略的な資源配分に向けた意思決定力の不足

　日本企業の多くは，大きな市場環境の変化を捉え，その変化に先駆けて，自社がどのような姿になりたいかという議論が不得手である。その結果，上述したように，現在の延長線上にある将来に向けた予算目標となるため，資源配分も現状の売上，利益貢献の大きさに応じた配分となることが多い。また，実現したい姿や変革したい姿が不明瞭なために，将来に向けたポートフォリオの変化への合意形成が取れていないことが多く，将来に向けた思い切った資源配分を行うことも難しい。

第3章　戦略策定　*37*

　本来，メガトレンドなど将来の市場環境の変化からビジョンを策定すれば，そこに向けた戦略策定においては，将来の事業ポートフォリオを実現するために，必要な資源配分をしなければならない。現在の資源配分においては，売上と利益に現状の貢献が大きい事業部門に人材，資金といった経営資源が多く配分されることが多いが，経営の強い意志により変えていかなければならない。また，将来の事業を作るための人材の育成，獲得を考えなければならないことも，経営の強い意志が必要になる理由の1つである。

　戦略実行力を高めるためには，戦略的思考力と抜本的な資源配分に向けた意思決定力を強化していく必要があるが，そのためには，その拠り所となる明確なビジョンが不可欠である。次節以降は，欧米の先進事例を参考にしながら，そうしたビジョンをどのように策定していくべきかを考察する。

⑵　メガトレンドをどう読み解くか？
欧米企業の先進事例の戦略的思考と資源配分に向けた意思決定

　戦略策定において必要になることは，長期においてどのような会社になりたいか，ビジョンを明確に策定することだろう。そのためには，世の中の大きな流れ，メガトレンドをまとめ，そこから考えられる自社にとっての機会と脅威をまとめることが必要だ。

　いくつかの欧米企業ではメガトレンドの策定やシナリオプランニングをまとめることで，そこから自社の事業機会と脅威を整理し，自社がどのような領域で社会的課題を解決していくかのビジョンを策定している。例えば，シーメンスが実施しているように，自社の事業にとって，インパクトが大きいメガトレンドを抽出し，そのメガトレンドが自社の事業にとってどのような意味を持つのか，組織としての解釈を共有したうえで，自社がどのような事業の方向性を目指すのかといったビジョンを策定するといった方法が考えられる。また，シェルが行っているようなシナリオプランニングを用いて，複数のシナリオを策定し，

それに対して自社がどのように対応するか，自社がどのような会社でいたいのかといったビジョンを策定する方法もある。

　これらの先進企業では，中期経営計画において，10年後にどのような会社になりたいのかといったビジョンを策定し，それを具現化していく中期の戦略を策定していくという流れを作っていることが特徴的である。具体的には，10年先などの長期で実現したい姿からバックキャスティングを行い，3年先のマイルストーンを明確にしていくという議論を重視している。その際，将来に向けて発生する大きな市場環境の変化，新しい脅威となる顧客や競合環境などの市場環境の変化を見ることで，自社を市場のなかでどうポジショニングしていくのかが，戦略として最も重要となる。そして，そのビジョンが従業員にとって，本当になりたい姿として共有されている状態を作り込んでいる。

①　メガトレンドを策定するシーメンス

　シーメンスは，世界的な総合電機企業で，エネルギーやインフラストラクチャーの分野が売上高の過半を占める。また，ヘルスケアの分野でも世界のトップを走っている。これらの事業を抱えるシーメンスが重視するメガトレンドとして，「人口動態の変化」「都市化」「気候の変化」「グローバリゼーション」の4つを抽出している。

　まず，「人口動態の変化」においては，平均寿命が伸びることにより，今後，著しい人口増加と高齢化が起きることを予測している。さらに，世界人口のなかで新興国が占める比率が向上すると予測している。

　「都市化」においては，都市人口が非都市の人口を上回り，かつそのなかでも人口1,000万人以上のメガシティに居住する人口が増大するとともに，都市の過密地域の住人が経済に貢献する割合は人口割合以上に大きくなると予測している。

　「気候の変化」では地表面の平均気温の上昇と温暖化ガス排出の大幅増大を予測している。

　「グローバル化」では世界での貿易額の飛躍的増大を取り上げている。多国

籍企業の数が飛躍的に増大し（1980年の1万7,000社から現在では7万社まで増加），海上輸送量は，この40年間で，6兆トンマイル以下から27.5兆トンマイル以上に増加していることに注目している。

　シーメンスは，メガトレンドを経営課題として捉え，長期的な戦略を立てることに取り組んでいる。そのための仕組みとして，「ピクチャ・オブ・ザ・フューチャー」を議論する場として用意している。ここでは，経営の執行役を担うマネージング・ボードメンバーを中心に，事業部のトップクラス，ベンチャー企業経営者や投資家，ファイナンシャルアナリストなどの有識者も集め，メガトレンドについて議論を行い，シーメンスのコアバリューをどのように生かすのかという視点を基点に議論を行う。そして，6カ月にも及ぶ間，社内，社外の人間がともに腹落ちするまで議論をし，自らのコアバリューを生かし，メガトレンドに対応していくシナリオをまとめ上げる。この間，8名のマネージング・ボードのメンバーは，社外の有識者とメガトレンドとコア・バリューの双方向から議論を重ね，自らの責任範囲である地域，機能の視野にとどまらず，全社としての戦略立案のためのシーメンスのコアバリューとシーメンスがとるべき全社戦略について，同じ考え方を構築していくことができる。

　さらに，ピクチャ・オブ・ザ・フューチャーのプロセスには，組織を動かす社内キーマンが参加することで，戦略策定の後，それがシーメンスの35万人の社員に浸透させていく形をとっている。そして，ピクチャ・オブ・ザ・フューチャーに基づき，戦略に合致した事業であれば大きく投資をし，外れた事業であれば売却を検討していくことで，事業ポートフォリオの刷新を行うための大きなストーリーを描きあげている。

　例えば，インダストリー4.0のトレンドについても，ピクチャ・オブ・ザ・フューチャーで重要トレンドとして把握されたものだ。

　シーメンスのプロセス＆ドライブ事業本部は，デジタルエンタープライズ・プラットフォームという構想を掲げて，インダストリー4.0を実現すべく，企業買収を繰り返してきた。具体的には工業製品を包括的にデジタル化する設計

環境への実現を狙い，15年で約１兆円をかけて，PLC（制御システム）・品質管理・MES（生産実行システム）・CAD（コンピュータを使ったデザインシステム），PLM等のソリューション企業を買収している。

図表3-2　シーメンスが行った一連の買収

領域	会社名	被買収企業の特徴	時期
PLM（Product Life cycle management)	KINEO CAM	モーションプランニングソフトウェア大手	2012年
3D可視化技術	VRcontext	複雑なエンジニアリングデータの三次元可視化技術開発及び教育ソフトウェア	2012年
品質・生産管理	IBS AG	品質・生産管理ソフトウェア	2012年
製品設計	LMS International NV	メカトロニクスのシミュレーション・ソフトウェア大手	2012年
PLM（Product life cycle management)	TESIS PLMware	PLMソフトウェアと他のエンタープライズ向けアプリケーションの統合で高い評価	2013年
製造実行システム（MES)	Camstar Systems, Inc	生産実行システム（MES）市場のリーダー企業	2014年

（出所）シーメンス発表資料

また，洋上風力発電事業では，エネルギートレンドを読み，重点領域と判断し，風力発電の関連企業を買収して，事業を開始，さらにジェネレータ内のギア，スマートグリッド（次世代送電網）から集めたデータを分析するIoTプラットフォームなど，買収により事業の強化を続けている。その結果としてシーメンスは洋上風車発電分野で世界トップとなっている。

シーメンスのこうした取り組みは，日本企業が行っている技術ロードマップと何が異なるのだろうか？

ピクチャ・オブ・ザ・フューチャーの取り組みと日本企業が行う技術ロードマップは明らかに異なっており，自社の技術に関連しないものでも，世の中の

重要なる変化基点で議論を行っている。そして，こうした変化を捉え事業機会につなげていくために，どのような技術が必要であるかという議論を行っている。つまり，技術の先行きをロードマップにしていくアプローチと異なり，技術に関連しないものでも，世の中の重要な変化を基点にした議論を行っているのである。

こうしたことが実現できるのは，マネージング・ボードメンバーが先読みをする役割に集中できる体制と，権限の大きさにあると思われる。例えば，CFO配下には，数多くのFO（財務責任者）がおり，それぞれの事業での収益に関する数字を正確に把握することが可能であり，それが組織的に高い利益率につながっているという。つまり，事業ポートフォリオの管理を行うために，必要となる数字を正確に把握することができるのだ。

また，経営人材の候補となる人材には，数多くの経験をつませることにより人材を育成しており，3年ほどの短い期間で，本社，営業，開発，地域拠点トップなどの様々な経験を積ませている。さらに，組織形態が地域，事業といったマトリックス構造となっており，業務が標準化，組織がモジュラー化されているため，組織内部の人材の入れ替えがしやすい，つまり，日本企業のように阿吽の呼吸での業務のような，ブラックボックス化されているものがないため，3年などの短い期間で人の入れ替えを迅速に進めていくことができる。こうした人材育成により，マネージング・ボードが議論する際，メンバーが全社の視点で議論することができるのである。

このようにシーメンス社では，メガトレンドを捉えた事業部門単位での組織再編や戦略推進のみならず，いくつかの事業機会に対しては，組織横断によるプロジェクトを実施している。後者については，コーポレートアカウントマネージャーなどの仕組みにより，重点的グローバル大手顧客に対しては事業横断かつ顧客軸で提案できる体制を構築している。さらに，セクターと地域をまたがった対応を展開し，メガトレンドから策定した戦略を着実に実行するために，事業部門の垣根を超えた仕組みを常に進化させている。

②　メガトレンドから重点事業領域を明確にするデュポン

　デュポンは1802年に火薬事業で創業した。創業200年を超え，企業としての３世紀目を迎えているが，自社の事業にとって重要な市場環境変化の領域として，「食糧増産の需要」「脱化石燃料」「安全なくらし」「新興市場の増大」という４つのメガトレンドを重視している。今の経営陣は，そのなかでも特に農業を非常に重要視し，化学とバイオ技術を組み合わせた農業に関する事業群を将来あるべき姿として描き出している。

　こうした背景には，2050年までに世界人口が90億人に膨れ上がると予想し，増え続ける人口にどう食糧を供給するかを社会的課題として捉えていることがあげられる。さらに，増大する人口に伴い，輸送手段も必要となり，それにはより多くのエネルギーが消費され，環境対応，安全への要求も高まると予想している。また，産業化によってもたらされる気候変動に伴い，世界的な資源逼迫が訪れることを見越し，同社が，エネルギー消費を抑制するために素材の軽量化や先端材料の分野で重要な役割を果たすことを戦略の中に盛り込んでいる。このようにして，21世紀に拡大が見込める新たな分野として，農業，エネルギー，バイオ素材という産業間ポートフォリオに戦略的な成長要因を求め，バイオサイエンスによる循環科学産業を構築することを目指している。そして，こうした経営の決断に基づき，コノコ（石油会社）を売却し，そこで得た資金を種子ビジネスやバイオ技術に投資していった。

　具体的な事業展開として，例えば農業分野では，上記のメガトレンドに基づき，世界中の農業の生産性の向上と食糧危機への対処に注力している。農作物の茎や葉のような非食用部分を原料として，バイオエタノールのようなエネルギー生産や，バイオ素材の提供はその一例である。工業バイオテクノロジーの分野では，家畜用飼料向け栄養材料，食品，洗剤，繊維，カーペット，パーソナルケア，バイオ燃料などの市場に対応した事業を展開している。

　このようにデュポンでは，メガトレンドをもとに将来の方向性を明確にしているが，その実効性を高めるために，多くの従業員が目的意識を持てるように

啓蒙している。このメガトレンドをマネジメント層だけに留めることなく，世界中の従業員に浸透させていることが大きな特徴である。具体的には，経営者自らが着目するメガトレンドとそれに伴う事業の方向性を語りかけることで，時間とコストをかけて世界各地で説明を繰り返し，全社の意識統一を図っている。さらに，メガトレンドを策定することにより，将来のビジネスチャンスを見極め，投資を積極的に行っていくべき新事業領域を明確にし，研究開発費の重点的傾斜配分を行うほか，必要となる技術等の経営資源を獲得するために買収を行っている。将来考えられる変化に対して，経営陣がアンテナを張りめぐらし，感度を高く保ちながら，将来予測される変化を先取りする形で事業機会を見い出していることに加え，経営者が従業員に直接語りかけることで事業環境認識に対する理解の醸成を進めていることが，戦略実効性を高めた要因になっている。

③　中長期のシナリオプランニングを行うシェル

　上記の２社がメガトレンドをもとにしているのに対し，シェルはシナリオプランニングにより，中長期のシナリオ策定を行っている。具体的には，事業環境において考えられる中長期の変化を捉えることにより，考えられるマクロ環境の変化を予測し，未来のグローバル市場について，MOUTAINとOCEANという２つの異なるシナリオ策定をしている。

　MOUTAINシナリオとは，世界の経済，社会，政治，国際関係などが長期安定した状況を想定し，各国政府が政治，経済改革を緩やかに推進し，統治システムも時代に適応していくシナリオである。そのシナリオでは，世界の経済成長は鈍化し，先進国は長期の経済的苦境にさらされ，途上国も中流層が拡大した後，安定成長に移行すると想定している。さらに，影響力が欧米からアジアに移っていく際に，既得権を維持しようとする欧米とアジアの間で紛争が拡大し，米中対立も激化することを予想している。その結果，2020年代以降は米中の「G2」体制が世界秩序を構築し，2030年代には，次の新興国としてインド，トルコ，南アフリカ，ブラジルなどが台頭することにより，新しい協調体制が

生まれ，地球温暖化などの問題もそのシステムのうえで解決が図られる世界を描いている。

　これに対し，OCEANシナリオでは，より変化の振幅が大きい将来像を描き出している。先進国では財政危機などを契機に野心的な改革が推進されることで，政治的発言力を高めた中流層の価値観が具体化し，中流層が消費のエンジンとなるとしている。具体的には，規制緩和が行われることにより，新たなる成長セクターが生まれ，各国の経済成長を押し上げる要因となる。貧富の差が激しかった新興国においてもその差が縮まり，全体として生活水準が向上し，国内の秩序も高まっていく。途上国が成長することで，先進国経済を刺激し，市民の声はますます強まり，政治家はじめリーダーへの要求は高まり，頻繁にリーダーが交代させられる。その結果，ポピュリズムの傾向も強まり，政治は混乱し，ソーシャルメディアがそうした傾向を増幅するといったシナリオである。また，グローバリゼーションが加速するなかでは国際的に協調していくことは非常に困難を伴うため，世界規模でのルールづくりなども容易ではなくなるということも，そのシナリオのなかで描かれている。

　これらの大きく異なる2つのシナリオを描き出し，そこからエネルギー業界にどのようなインパクトがもたらされるかを「エネルギー・シナリオ」として具体的に落とし込んでいる。

　このように，経営層がシナリオプランニングに基づき，様々な角度から事業の方向性を議論し，戦略を検討することにより，組織として事業環境の大きな変化に対応している。シェルは，数十年前から，こうした極端なシナリオを想定するシナリオプランニング的なアプローチを導入することにより，経営ができる市場環境変化への対応の幅を広げてきた。古くは，1973年のオイルショックの際も，シナリオプランニングを行っていたことで，対応策について事前に考察し，社内で共有していたため，第四次中東戦争が勃発するなかでも，迅速に対処し行動することができたのである。

第3章 戦略策定 *45*

⑶ ビジョンの策定

　戦略策定においては，長期においてどのような会社になりたいかをビジョンとして明確に描かなければならない。そのためには，10年先など長期の時間軸のなかで，どのような非連続なる変化が起きるかを想定することでメガトレンドを描き出し，さらに，それが自社にとってどのような意味を持つのかについては，組織としての解釈を明らかにすることが必要である。そして，そのように描き出されたメガトレンドに対して，将来どのような事業を実現し，それにより，どのような課題を解決しようとしているのかを具体化することが大事だ。

　すなわち，ビジョン策定のためには，①メガトレンドを描出し，モニタリングの仕組みを構築し，②自社におけるメガトレンドの意味を読み解き，③関係者（社員，顧客等）を巻き込んでビジョンを策定することが必要となる。

① メガトレンドの描出とモニタリングの仕組み構築

　実行力の伴う戦略を策定するためには，今後考えられる市場環境の変化について，メガトレンドを整理し，自社にとっての重要なメガトレンドについて合意形成を行うことが必要となる。例えば，重電業界であれば，政治情勢，各国規制，技術動向など様々な要素を加味して，実現可能性が高いメガトレンドを抽出することが大事である。メガトレンドを左右する要素としては，例えば，米国のシェールガス開発，中東諸国の動き，欧州などにおける環境規制，今後のエネルギーに大きな影響を与える自動車の電動化の進展，自然エネルギーの進展や水素社会の到来などが考えられる。

　また，環境変化が激しいICTがコア要素となる精密機器，事務機産業もメガトレンドを綿密に見定める必要がある。なぜならば，今後，通信環境は5Gになり，通信技術はより一層高速で快適な情報伝達が可能となる。また，IoTにより，もの，ひとの動きをリアルタイムで把握することも可能になる。こうした技術進化は，クラウドとエッジコンピューティング(注1)の組み合わせにより，

より多くの情報がリアルタイムで処理されることとなる。さらに，機械の情報，顧客情報，従業員に関する情報など様々な情報が横串で分析されることで，労働者の働き方もまた大きく変化することになるからだ。

　さらに重要なことは，こうしたメガトレンドの策定を中期経営計画などのようにイベントドリブンなものにしないことである。イベント的メガトレンド策定は，一過性のものとなってしまい，その意義を益々脆弱なものとしてしまうだけでなく，出てくるアウトプットがあまり事業と関係ないということになりかねないからである。そうならないためにも，策定したメガトレンドに関する市場環境の変化を表す重要環境指標（Key Environment In-dicator）[注2]を設定し，定期的にモニタリングすることが重要である。その指標は多種多様であるが，例えば，電子化が進むことにより，複写機の台数が減少していくと考えられる複写機業界に関しては，各国別のスマートフォンの普及台数，インターネット普及率，電子書籍普及率などが想定される。大事なことは，重要環境指標は取得が困難なものではなく，取得可能なものであるべきで，これらの取得に時間を要するものであってはならないということである。なぜならば，モニタリングすべき指標を取得困難なものにしてしまうと，取得のために工数ばかりかかってしまい，継続した運用が不可能になってしまうからである。

　メガトレンド策定の目的は，経営陣が同じ事業環境に対する認識を持つことと，将来考えられる大きな事業環境の変化に対する対応力を強化することである。最終的にレポートとしてまとめることがゴールではなく，今起きている目の前の変化が将来どのような変化につながっていくのか，それを議論することがより重要である。また，こうした取り組みを通じて，社員にメガトレンドを共有し，組織としての環境認識とその変化に対する対応力を上げて行くことが求められる。

（注1）　エッジコンピューティング
　クラウドとデバイスの間にサーバーなどのリソースを配置し，データ処理を一部行うこと。すべてをクラウドで処理すると通信時間，クラウド側，つまりデータ

センターの負荷を分散し，結果として処理スピードをあげることができる。

（注2） 重要環境指標（Key Environment In-dicator）
　自社の事業に重要なる影響を及ぼす環境変化を指標化したもの。メガトレンドに関する市場環境の変化を表す指標としてモニタリング可能な指標とするもの。

② メガトレンドの読解

　多くの学者，専門家，企業が，メガトレンドを策定しているが，その多くは，グローバルに都市化していくことや，地球が温暖化していくこと，高齢化社会が到来することに関係するものであり，メガトレンド自体に大きな差異は生じない。大事なのは，そうしたメガトレンドと自社の事業とのつながりを読み解いていくことである。すなわち，どのトレンドにフォーカスし，そのメガトレンドが自社の事業にどのようなインパクトを与えるかの議論を尽くすことが求められている。

　例えば，自動車会社にとって，無視できないメガトレンドは「所有」から「使用」への消費者の価値観のシフトであり，多くのものがシェアリングされていく世界の到来である。さらに，自動車が画像解析などのICT技術により，完全自動運転が可能となり，自動車から収集される人々の移動データ，画像データ，マシンデータなどが分析され，それぞれの個人のニーズに合致した移動方法が提案されるなど，人々の移動の仕方は大きく変化していくことも看過できないトレンドである。こうしたトレンドによって，自動車会社は，今後，自動車を販売することではなく，移動サービスを提供することとなるかもしれない。そして，そのコアとなる技術は，内燃機関ではなく，ICT技術やデータ分析，画像解析，自動車の電動化を支える電池技術などにシフトしていく可能性がある。このようにメガトレンドで予想される世の中の変化が自社の事業にどのような影響を与える可能性があるのかを議論し，そのインパクトに対する解釈を組織としての共通見解にまとめることが求められる。

③ 関係者（社員や顧客等）を巻き込んだビジョン策定

　最終段階として，自社にとって重要なメガトレンドから，どのような事業機会を導出し，どのような将来像を描こうとしているのかをビジョンとして整理することとなる。

　その際，それによってどのような社会的課題の解決につながるのかを明確にすることが望ましい。なぜならば，SDGsにも指摘されているように，メガトレンドと社会的課題は密接に関係しているからである。GEやシーメンスのように社会インフラやヘルスケアに関連する企業が社会的課題に直結する事業を行っていることに対し，自社の事業が社会的課題に直結しないという悩みを受けることも多い。しかしながら，たいていの企業は，自社の技術やノウハウを生かし，国境，性別，人種，年齢，障害，LGBTなど多様性を包摂した働き方，介護，子育てが制約にならない社会，時間や空間に縛られない働き方といった社会的課題の解決ができるはずである。例えば，オムロンは，自社の事業と労働力不足，高齢化の加速，事故渋滞の多発・都市環境の悪化，温暖化の加速といった社会的課題解決を結びつけて，ビジョンを描き出し，戦略策定している。

　ビジョンの策定方法の際には，いくつかの方法を併用することが有効である。例えば，現在の主力事業から大幅にリソースを新規事業にシフトするといった大胆な事業ポートフォリオの見直しを盛り込んだビジョンを策定する際には，経営陣のみで密室の議論をもとに策定するといった従来型の方法もあれば，将来，経営陣に育成したい30代，40代の若手から人材を集め，クロスファンクションで議論を行い，ビジョンを策定する方法もある。また，後者においては，自社にとってインパクトが大きいメガトレンドから，自社がどのような事業構造の転換（トランスフォーメーション）を将来にわたって行っていくべきかを議論し，経営に答申させることも効果的だ。

　また，ビジョン（案）を顧客や様々な知見者と議論を繰り返す方法もある。そこから得られた意見をもとにビジョンを具現化させることで，より外部に伝わりやすい言葉に落とし込むことが期待できる。その先進的な事例として，あ

る制御システムメーカーでは，各界からの有識者，学者，未来学者などをパネラーに迎え，スキャニングという手法(注3)による未来洞察を行ったうえ，そこで策定した将来のシナリオについてディスカッションを行っている。

　日本企業に求められるのは，まず，長期の社会環境変化をもとに，自社にとっての重要なメガトレンドを明確にすること，それらを事業機会ととらえ，いかなる価値を実現するかを具体化することである。そして，それらの目標像や方向性をストーリー性のあるビジョンとして，社員や顧客等を巻き込みながら策定していくことが重要である。従来からの単年度計画を積み上げたような近視眼的なビジョンや，欧米企業を真似た借り物のメガトレンドに基づく一般的なビジョンでは，決して，不確実性の高い社会経済環境を渡り歩くことはできない。

（注3）　スキャニング
　1960年代にSRI（スタンフォードリサーチインスティチュート）が開発した未来予測洞察の手法。シナリオプラニングが不確実性のマネジメントに重きを置いているのに対してスキャニングは可能性の探索に重きを置き，非線形な未来変化洞察の手法。スキャニングにより，線形の延長線上にある情報をあえてはずした情報ばかりを収集，吟味し，未来予測する。

[参考文献]
- ハーバードビジネスレビュー　グローバル企業に見るメガトレンド分析に基づく長期戦略（2014年11月）
- 東洋経済新報　2010年11月16日（http://toyokeizai.net/articles/-/5282?page=2）
- フォーブスジャパン　2017年6月19日（https://forbesjapan.com/articles/detail/16645）

2　バックキャスティングによる戦略策定

> **Point** ☞
>
> 　不確実性が高まる現在，多くの企業が実施しているような3年先などの中期目標を定めるだけでは，非連続的な市場構造の変化に対応できなくなっている。
>
> 　このような状況下で，メガトレンドと自社の事業との関連性，意味合いについて，組織としての解釈を醸成し，10年先などの長期に実現したいビジョンからバックキャスティング型で戦略策定を行っていくことが求められる。こうしたバックキャスティング型の戦略策定を行っている企業として，①富士フイルム，②三菱電機，③オムロンが参考になる。
>
> 　バックキャスティング型の戦略策定のためには，ⅰ．重要なキードライバーの明確化，ⅱ．自社の強みの分析，ⅲ．自社が行う理由付けの明確化，ⅳ．足りないリソースの明確化と獲得方法の検討，を進めることが必要だ。

(1)　戦略策定における問題点と解決の方向性

　日本企業の戦略策定に多くの問題が生じている。なぜならば，多くの企業が実施している3年先などの中期目標を定めた議論だけでは，不確実性が高い将来に備えることができなくなっているからである。現在のように非連続的な変化をしていく状況で，連続的な将来を描く中期経営計画を策定しても，大きな構造変化に対応できない。日本人はどうしても現在のものをよりよくしていく改善型の計画を策定しやすい。それは，現在の自社の強みを生かし，積み上げ型で戦略を策定するのが組織内で納得感を醸成しやすいからだ。このような戦略策定プロセスは，過去のように製品の品質を強みに輸出していくモデルであれば強みを発揮することができた。しかしながら，過去，携帯電話市場で圧倒的シェアを保有していたノキアもスマートフォンの出現により，あっという間

にシェアを失っていくなど，市場環境変化が早くなり，積み上げ型の戦略策定での対応が難しくなっている。また，過去，日本メーカーが圧倒的な強みをもっていた半導体では，品質と性能で勝ってきた成功体験に縛られ，低コストのDRAMへのシフトが遅れた。

　このような状況に鑑みるに，日本企業は戦略策定プロセスを抜本的に見直すことが必要になっている。そこで，多くの企業がビジョンや長期経営計画などの策定を検討しているが，その策定は困難を極めている。多くの企業が，将来予測，メガトレンドを見ているが，自社の事業との関連性を見い出すことが難しいからだ。例えば，経営企画部門がメガトレンドを把握しても，その大きな変化が自社の事業に何をもたらすのかのシナリオに落とすことができない。あるいは，メガトレンドから，起こりえるいくつかのシナリオに落とし込んだとしても，そこから自社が何をすべきかを描くことが難しい。したがって，戦略策定の前提として，納得力に乏しいものとなってしまう。その結果，将来の大きな変化に備え，いま何を行うべきかという組織内の意識統一が醸成されないまま，過去からの延長線を前提に戦略を遂行することになりがちだ。

　このような状況下に求められるのは，メガトレンドと自社の事業との関連性，意味合いについて，組織としての解釈を醸成し，策定された10年先のビジョンを実現するため，時間を遡るバックキャスティング型の戦略策定である。つまり，過去，日本企業が行ってきた現状の積み上げ型からの戦略策定のみならず，将来あるべき姿をどうしたら実現するかを考え，まず3年先，次の3年先，最後の4年先という形で将来の姿を実現するための中期経営計画を策定する方法が求められている。将来目指す姿について組織としてのコンセンサスを得，そこを目指してこの数年（例えば3年など）の期間で，何をすべきかを議論し，そのギャップを埋めていくことが何よりも求められる。

(2) 先行事例

　明確なるビジョンを持ち，バックキャスティング型で戦略を策定している企

業として，①富士フイルム，②三菱電機，③オムロンが参考になる。

①　メガトレンドから再生医療での成長戦略を推進する富士フイルム

　非連続な変化のなかで，大きく事業構造を変えていった会社として，富士フイルムホールディングスが有名である。同社は自社の強みを常に棚卸しをしてきている。富士フイルムの古森会長は，会社には，技術基盤，財務基盤，ブランド力，質の高い社員という経営資源があると指摘している。まず，自社がどのような技術や資源，強みをもっているかを整理し，それが適応できる市場，商品は何があるか，既存市場と新市場，既存技術と新技術で４象限のマトリックスをつくり，事業を区分した。そして，液晶用フィルムに代表される高機能材料事業，富士ゼロックスのドキュメント事業（事務機事業），医療機器に代表されるメディカル事業，化粧品，医薬品を手がけるライフサイエンス事業などの６分野を成長の軸に据えた。

　さらに，富士フイルムは自社の強みとなるコア技術（バイオエンジニアリング，撮像技術など）の棚卸しをしている。これらの技術を自社が伸ばしたい重点領域に投入していくことで成長戦略を常に描いている。例えば，メガトレンドとしてはアンメットメディカルニーズ（解決されていない医療での社会的課題）に着目しており，低分子医薬からバイオ医薬，再生医療の領域に大きく注目している。このような成長領域に対して，バイオエンジニアリングの技術を生かし，写真技術で培ったゼラチンの技術から再生医療に必要となるRCP（リコンビナトペプチド）という細胞を培養する足場材の開発を行っている。これは写真用ゼラチンの研究のなかで，生産効率が高く，高品質のゼラチンの製造が可能となった技術を応用している。

　将来，大きな可能性を秘めている脳梗塞，脊髄損傷，糖尿病などのアンメットメディカルニーズに対して，再生医療での課題解決を目指している。具体的には，写真フイルムで培ったノウハウを活用した動物由来成分を含まない再生医療に幅広く応用できるバイオマテリアルであるRCPを開発し，安定した品質と高い純度を実現した。こうして，各種細胞の培養，生体内への移植，ドラッ

第3章　戦略策定　*53*

クデリバリーシステム基材，など様々な用途への応用が可能になり，骨，軟骨，皮膚，神経，血管の再生，創薬スクリーニングなど，再生医療に幅広く応用が可能となった。

　富士フイルムは，こうした，メガトレンドとして将来大きく成長する可能性が高い再生医療と自社が保有するコア技術を組み合わせ，長期視点で育成していく成長戦略を策定している。

②　選択と集中から中長期成長領域を見据えた成長戦略を策定する三菱電機

　三菱電機は，5年間の中期経営計画の策定を行っている。同社は，過去，1998年連結純損益が1,000億円を超える赤字となり，1999年，パソコン事業からの撤退，2003年には半導体のDRAMとシステムLSIの2事業をそれぞれ，エルピーダメモリ（現在のマイクロンメモリジャパン）とルネサステクノロジ（現在のルネサスエレクトロニクス）へ切り離している。さらに，2008年には携帯電話事業と洗濯機事業から撤退している。

　また，事業の選択と集中を経て，メガトレンドから自社が伸ばすべき事業領域を策定し，総合電機メーカーとして勝ち組企業になっている。2020年までの5年間の中期経営計画において，メガトレンドを見据え，持続可能な社会の実現，安心・安全・快適性の提供という2つのメガトレンドに対する同社が定める価値提供領域に対して，自らの事業と提供価値を定めている。

　例えば，持続可能な社会の実現として，低炭素社会の実現に必要となるフルSiCパワーモジュール適用鉄道車両用インバーター装置，大容量蓄電システムなどを事業展開している。

　また，安心・安全・快適性の提供では，セキュリティシステム，エンジン制御やステアリング制御等の技術を組み合わせた運転支援技術の進化により，安全運転支援システム，高精度位置情報の活用による自動運転の安全精度向上や社会インフラの適切な維持管理を実現するための準天頂衛星利活用などを将来のための事業として中長期で取り組んでいる。

　このように同社が中長期の成長戦略を策定できるのは，自社のコア技術を整

理し，棚卸ししていることにある。当社の技術的強みは，制御（運動，熱，流体，電力），パワーエレクトロニクス，ヒューマンマシーンインターフェース，暗号化，通信，情報処理，電磁気解析，センシング，デバイス，デザインなどの技術に整理されている。さらにこうした技術を活用して，重電システム，産業エレクトロニクス，情報通信システム，電子デバイス，家庭電器の事業を横断で，事業シナジーの創出を進めることを目指している。

このように，中長期での成長領域に徹底的に投資しており，逆に新陳代謝を促し，経営資源の再配分を推進している。

③　メガトレンドから長期経営計画を策定するオムロン

オムロンは，1933年に設立された売上8,600億円のグローバル企業である。連結従業員数は36,000人，京都に本社を構え，事業領域は，制御機器事業，家電，通信機器などの電子部品事業，電動パワーステアリングコントローラなどの車載事業，自動開発や券売機などの社会システム事業，血圧計などに代表されるヘルスケア事業などの事業を行っている。

㋐　オムロンの理念経営

オムロンは，立石一真の創業理念を受け継ぎ，社憲として，「われわれの働きでわれわれの生活を向上し，よりよい社会をつくりましょう」を掲げている。そして実現するべき価値として，①ソーシャルニーズの創造，②絶えざるチャレンジ，③人間性の尊重を掲げている。そして，経営のスタンスとして，「企業は社会の公器である」との基本的考え方のもと，企業理念の実践を通じて，持続的な企業価値の向上を目指すとしている。オムロンは創業者の考え方を大事にし，それを現代風にわかりやすいことばに落とし込むことで，理念と事業とのつながりをわかりやすく表現している。さらに事業を通じて，社会的課題を解決していくことにより企業価値の向上を目指すことを明確にし，各事業がどのような社会的課題を解決するのかを明確にしている。

(イ) オムロンの長期経営計画と中期経営計画

オムロンは，2001年度からの10年間の長期ビジョンとして，そのありたい姿を描いたGrand Design for 2010を策定した。これは，2010年までの21世紀初頭，オムロングループのありたい姿，およびそこに至る経営施策の基本方針を示したグランドデザインとして策定した。

これは経営目標達成に向けてオムロングループが進むべき方向性を，変革としての企業変革ビジョン，具現化としてのカンパニービジョン，拘りとしてのアイデンティティビジョンであらわしている。

そして，その次の10年のビジョンとして，2011年度からの10年間のビジョンであるVG2020を策定し，現在推進している。

この長期ビジョンにおいては，自社の強みであるセンシング＆コントロール＋TINKを生かし，労働力の不足，ものづくりの変化への対応，高齢化の加速とそれに伴う医療費の高騰，事故・渋滞の多発，都市環境の悪化，温暖化の加速に対して，これらの社会的課題を解決するため，急速なる技術革新であるAI，IoT，ロボティックスの動きを捉え，社会的課題の解決を行おうとしている。

VG2020の VG はValue Generationであり，顧客をはじめとするステークホルダーへの価値創造，つまり価値，Value を Generate（生み出す）することにより成長するという思いをこめている。

そして，はじめの3年間を，既存事業においてグローバルに成長機会を捉えるGlobe State，後半の7年間を，地球規模で持続可能性があるソーシャルニーズを捉えて，成長を目指すEarth Stageと定義している。

こうして，10年の間にどのような価値を実現していくのかを明確に定めている。

つまり，最初の3年については，既存事業において，グローバルに成長機会を捉え，今後新興国における人口増大と中間層，富裕層の増加による経済成長，それに伴う新興国の消費増大，世界中のものづくり需要の活性化，これらを支えていく工場の自動化機器や電子機器つまり，同社の事業部門でいうインダス

図表3-3　オムロンの長期ビジョン

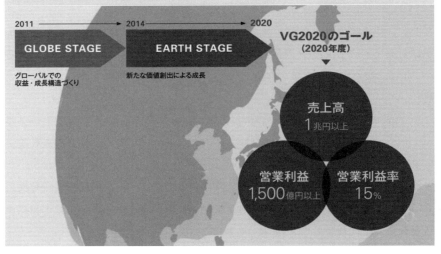

(出所) オムロンIR資料

トリアルオートメーション（IA）分野においてグローバルなる市場規模の拡大が起きるとしている。

さらに、後半7年におけるEarth Stageにおいては、地球環境の持続可能性に関するソーシャルニーズを捉えることを宣言している。具体的には地球温暖

第3章　戦略策定

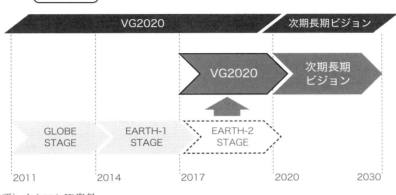

図表3-4　オムロンの長期ビジョン　VG2020と中期経営計画

（出所）オムロンIR資料

化，資源の枯渇，エネルギー問題など地球規模で拡がりを見せる課題に対する環境配慮型ビジネスへの取り組みを強化し，ニーズの具体化に取り組んでいる。

　VG2020を策定した2011年と2018年では事業環境が大きく変化している。特にIoTやAIの進化はすさまじく，その技術革新は，当時の想定をはるかに上回るスピードで進んでいる。この変化に対応するために，中期経営計画において，その環境の変化を捉え，戦略策定している。

　つまり，長期経営期間内を3年度，3年度，4年度で区切って戦略策定しており，現在推進しているEarth 2 StageのVG2.0の中期経営計画においては，2016年度から2020年度までの4年間の戦略を策定しており，2011年度に想定したよりも早いスピードで進むIoTとAIによる変化に対して，その対応スピードをさらに速めている。具体的には，注力ドメインの再設定とそれによる事業の最適化，ビジネスモデルの進化，コア技術の強化を推進しており，さらに重要なことはこれらを自前で進めるのではなく，パートナーとの協創により，進めようとしていることである。

　VG2.0において，再設定した重点ドメインは，FA，ヘルスケア，モビリティ，エネルギーマネジメントの4つのドメインである。そのなかでも特に，FA，

図表3-5 VG2.0における重点ドメイン

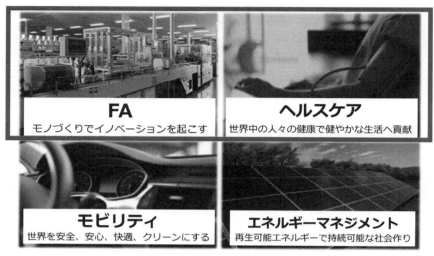

（出所）オムロンIR資料

　ヘルスケアを特に重要なるドメインと設定している。これは，熟練工不足，人件費の高騰，地産地消，大量一斉供給，生産の垂直立ち上げ，世界同一品質などものづくりの現場で起きている様々な変化に着目し，その変化が2011年にGV2020を発表したころよりもはるかに早いスピードで進んでいるからである。

　この変化に対して，FAにおいては，i-Automationをコンセプトに3つのIつまり，制御進化（Integrated），知能化（Intelligent），人と機械の新しい協調（Interactive）を事業の進化の方向性と定め，オムロンユニークなイノベーションによるものづくりの革新を行おうとしている。そして，ILOR+S，つまり，Input, Logic, Output, Robot, Safetyつまり，情報インプット，制御（コントローラ），出力機器（サーボドライバなど）を，安全性を高める観点から統合的に提案をしていこうとしている。

　さらに，コントローラについては，AIを搭載したコントローラを搭載することにより，現場データの収集を行い，機械の状況を推論することにより，製

品の不良予知，設備故障予知を行うなど，データ解析による事業の付加価値向上を行い，ビジネスモデルを大きく変えようとしている。

㈡　バックキャスティング型の戦略策定と戦略実行力の向上

　近年，AI，IoT，ロボティックスに代表される技術の急速なる進化により社会環境の変化が非連続になっている。こうした環境において，オムロンは2015年にCTOを設置し，技術革新をベースに近未来をデザインし，その実現に必要な戦略をバックキャスティングで明確に実施する技術経営の強化に注力している。そして，さらなる技術経営の強化の一環として，2018年3月にイノベーション推進本部を設立している。イノベーション推進本部は，オムロン全社のイノベーション創出力を向上するためのプラットフォームとしての役割を果たしている。つまり，近未来デザインから戦略策定，事業検証までを一気通貫で行う組織である。これを支える組織として，東京品川にエッジ型AI開発センター，さらに米国西海岸にロボティックス開発センターを設立し，従来からある京阪奈イノベーションセンターをはじめとする研究開発拠点と各事業拠点が連携をすることにより，近未来デザインから戦略策定，事業検証，技術開発，商品開発をオムロン全体で実行していくことで，バックキャスティングで策定した戦略の実行力を高めている。

　オムロンのバックキャスティング型の戦略策定において，その基本となる考え方が創業者である立石一真が唱えたSINIC理論であろう。1970年，国際未来学会において，立石一真はこの理論を未来予測理論として発表した。パソコンやインターネットも存在しなかった高度経済成長のまっただなかに発表されたこの理論は，情報化社会の出現など，21世紀前半までの社会シナリオを，高い精度で描き出している。

　SINICとは，Seed-Innovation to Need-Impetus Cyclic Evolutionの頭文字を取ったものである。この理論においては，科学と技術の間には，円環論的な関係があり，異なる2つの方向から相互にインパクトを与え合っているとしている。つまり，ひとつの方向は，新しい科学が新しい技術を生み，それが社会へ

図表3-6　SINIC理論の考え方

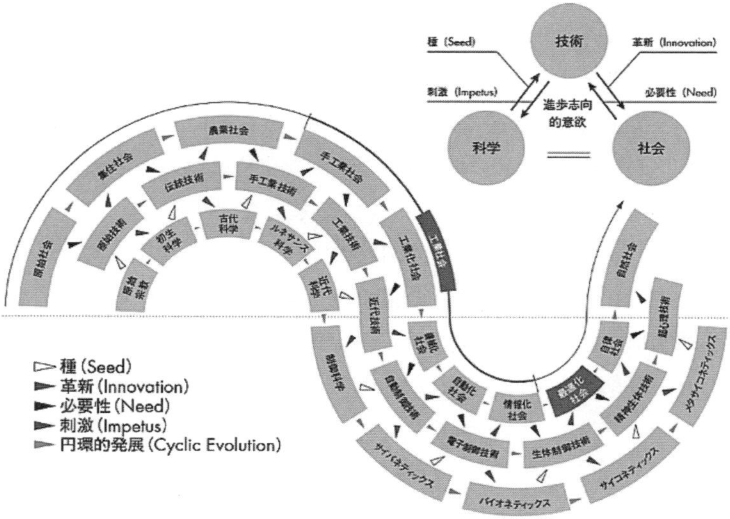

種 (Seed)　技術　革新 (Innovation)

刺激 (Impetus)　必要性 (Need)

進歩志向的意欲

科学　＝　社会

原始社会／集住社会／農業社会／手工業社会／原始技術／伝統技術／手工業技術／工業化社会／近代科学／ルネサンス科学／古代科学／原始魔術／原始宗教／近代技術／最適化社会／自動化社会／情報化社会／最適化社会／自然社会／超心理社会／制御科学／自動制御技術／電子制御技術／生体制御技術／精神生体技術／ソーシャルネットワーク／サイバネティックス／バイオネティックス／サイコネティックス

▷　種 (Seed)
▶　革新 (Innovation)
▶　必要性 (Need)
▶　刺激 (Impetus)
▶　円環的発展 (Cyclic Evolution)

（出所）オムロンIR資料

のインパクトとなって社会の変貌を促すというものである。もうひとつの方向は，逆に社会のニーズが新しい技術の開発を促し，それが新しい科学への期待となるというものである。この２つの方向が相関関係により，お互いが原因となり結果となって社会が発展していくという理論である。

　そして，オムロンは，2018年４月，近未来デザインを行うオープンイノベーション拠点として，オムロンサイニックエックス株式会社を設立した。

　これは近未来デザインを行うための戦略拠点であり，AI，ロボティクス，IoT，センシングなど幅広い領域のトップ人材を研究員として採用し，オムロンのVG2.0の重点事業ドメインであるFA，ヘルスケア，モビリティ，エネルギーマネジメントの４つの領域を中心に，各領域の社会的課題を解決するため，技術革新をもとに，ビジネスモデル，技術戦略，知財戦略を統合し，具体的な事業アーキテクチャーに落とし込んだ近未来デザインを推進している。

この推進においては，大学や研究機関との共同研究を積極的に推進し，オープンイノベーションにより，近未来のデザインを推進している。

(3) バックキャスティングによる戦略策定

オムロンの事例にも見られるように，大きな市場環境の変化に備え，かつ実行力を伴う戦略を策定するためには，長期で実現したいビジョンから，バックキャスティングにより中期の経営戦略を策定することが必要だ。

そのためには，10年先などの将来に実現したい顧客へ提供する価値，事業の姿，解決したい社会的課題をビジョンとして描き，それを実現するために，最初の3年，次の3年，最後の4年など10年先に向けた時間軸のなかで，何を実現すべきかを策定することが必要だ。そのためには，10年後に実現したいビジョンに対して，現状の姿から将来の姿に向けた実行力のある到達シナリオをいかに描き出すかが必要だ。そのためには，将来のビジョンを実現するために，

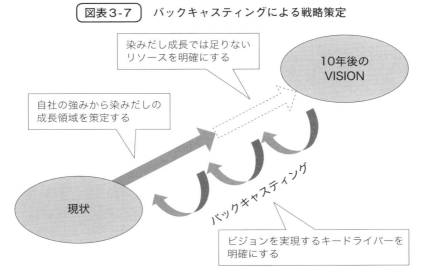

図表3-7　バックキャスティングによる戦略策定

（出所）野村総合研究所作成

どのような技術やリソースが必要になるのかを考えるバックキャスティングア
プローチと，従前から日本企業が強い，現状の強みからボトムアップする方法
と両方を行うことで，実行力を伴う戦略を策定することが大事だ。

　そのためには，①ビジョンを実現するために重要なキードライバーを明確に
する，②自社の強みを徹底的に分解する，③染みだし領域の議論により，なぜ
自社がそれを行うのかの理由づけを明確にする，④ビジョンで目指すために自
社に足りないリソースを明確にし，獲得方法を検討する，ことが必要だ。

①　ビジョンを実現するために重要なキードライバーを明確にする

　自社にとってのメガトレンドの意味を組織として十分に解釈し，自社が実現
したい事業の姿，実現したい顧客にとっての価値をビジョンとして明確にした
ら，それを実現するためのキードライバーを明確にすることが大事だ。例えば，
重電メーカーがガスタービンといったハードウェアを提供する事業から，エネ
ルギーマネジメントなどサービス事業を実現したいとすると，化学産業など電
力の大口需要家の電力使用における深い理解，省エネルギーについてのノウハ
ウ，コンサルティング力，現状把握と分析のためのICT（情報通信技術）と分
析能力などが必要になるだろう。

　そのためには，ビジョンで実現したい事業のビジネスモデルを具体的に描き
出し，そこに必要な技術，顧客接点，営業リソース，サービス網などを棚卸し
することが大事だ。例えば，技術においては，顧客にとって革新的なカスタ
マーエクスペリエンス（顧客経験）や，圧倒的生産性の向上をもたらすために
重要になる技術領域を明確にすることが大事だ。コマツはビジョンとして，鉱
山会社の生産性を革新的に引き上げたいと考え，キーとなる技術として，無人
運転を可能とする無線ネットワークシステム，中央管制室の運行管理，最適配
車システムを重要技術と考え，これらの技術を獲得している。このように，ビ
ジョンの実現に対して，必要となるキードライバーを明確にすることがバック
キャスティングによる戦略策定において，最初に行わなければいけないことだ。

② 自社の強みを徹底的に分解する

①でビジョンを実現させるためのキードライバーを明確にしたら，次は自社の強みを棚卸しする。自社の強み分析においては，㋐技術リソース，㋑マーケティング・販売リソース，㋒保守サービスに関する分析を行う。

㋐ 技術リソースに関する分析

まず，自社の保有技術などのリソースを棚卸しすることが必要だろう。ただ，単にリソースの棚卸しをするのではなく，策定されたメガトレンドについて，それらが自社にとってどのような意味があるのかを解釈するために，メガトレンドからそれらのイノベーションを起こしていくために重要となるドライバーとなる技術を棚卸しする。そして，これらドライバーとなる技術に関連する技術が，自社に存在しているかという議論を進めていく必要がある。

例えば，重要なメガトレンドである環境エネルギー領域で，燃料電池など今後の電池技術，水素製造技術，輸送技術などドライバーとなる技術領域について，必要となる技術要素をブレークダウンしていき，それらの技術要素に自社が強い技術要素があるかを棚卸ししていく。

また，自社が強い技術領域を見い出したら，どのようにその技術領域を強化し，事業に仕立てていくかの議論を行う必要がある。このように一連の自社に関する技術などリソースを棚卸しし，メガトレンドの自社の事業機会への意味づけを組織内に醸成していくことで，自社内部での戦略策定における納得感を醸成することができる。

開発人員については本社人事部門と事業部門が常に議論を深めることが必要となるだろう。こうした議論の際には，過去にその開発人員がどのようなプロジェクトに従事し，そこでどのような学びをし，何に意欲を持ち，どのようなキャリアパスを求めているのかについての人事情報の把握に努めることが必要となってきている。なぜならば，開発人員など技術人員は事業部門内に埋もれてしまうことが多く，その詳細な経験，保有技術などを把握することが難しい

からである。

　したがって，本社は，技術人材のローテーションを行い，人員の可視化を行うとともに，常日頃から強化すべき事業領域に対してどのような人材が求められているかという理解と同時に，どのようにしたらそのような人材が獲得し，育てられるかという見地にたって，事業を支援することが求められる。そのうえで，現状事業が保有している人材の棚卸し，人材の保有する経験，技術の把握を行うことが求められる。

　こうした技術人材の把握に努めている企業として，日立製作所があげられる。日立製作所の人事部門ではビジネスサポート機能を有しており，事業部門で保有している技術者のスキルの詳細な把握に務めている。それは，事業部門が抱えている技術人材の情報は事業部門のなかに閉じられがちであるからである。

　そのため，人事部門のビジネスサポート機能として，重点的に事業開発を進めたい事業領域において必要となる人材リソースの要件を常に明確にし，該当する人材リソースがいないかという視点で各事業部門にいる人材リソースの棚卸しをしている。

　また，生産や加工技術についても，コアとなる技術をできるだけ汎用化し，強みを理解する必要がある。機械メーカーＡ社は，その保有する生産技術を，生産エンジニアリング技術，生産情報システム技術，薄膜プロセス技術などに分類し，その生産技術の強みを客観的に評価，分類している。生産技術においても，製品事業に従属した形で考えてしまうと，持っている生産技術を外部に放出してしまいかねない。つまり，製品のライルサイクルと同時に生産技術も成熟期，衰退期にあると捉えてしまう誤りをおかしかねない。このため，保有するリソースを製品から分離して，客観的に評価することが重要である。

　さらに，製品に付随する制御技術は特に表に出にくい技術であろう。なぜならば，日本の製造業では特に機械系製造業を中心にハードウェアの技術者が主役になりがちである。しかし，これらのハードウェアの性能を発揮するために重要なのが制御技術である。これらの技術者はハードウェア製品の影に隠れ，本社として把握することが難しい場合がある。そのため，本社が把握しようと

ヒアリングをかけても，こうした技術者が保有している技術の詳細は表に出て
こず，こうした技術者の保有する経験と技術は把握することすら難しいことが
ある。

　日本企業においてもIoTを活用したサービス事業の強化を目指しており，制
御技術者は全社規模で必要なリソースとなっていることが多い。なぜならば，
製品とサービス，運用などを組み合わせる事業開発や，ハードウェアを遠隔保
守し，データ解析し，サービス事業に付加価値をつけるためにも制御技術者は
大変重要な役割を担うからである。つまり，ハードウェアとサービスを結びつ
けていく機能を保有している。

　こうした技術者の保有技術を把握するのに必要なことは，まず事業開発の観
点から制御技術をいかに伸ばしていくかを考え，制御の基盤となる技術を作っ
ていく横串の組織を作り，製品事業との間でローテーションをしていきながら
技術者が保有する技術を把握していく方法が考えられる。例えば，三菱重工業
は，2014年1月にICTソリューション本部を設立し，制御技術を生かし，各種
ハードウェア事業を売り切りとせず，遠隔監視などICTを活用したサービス事
業を強化しようとしている。三菱重工業のICTソリューション本部は，元々原
子力とITS（Intelligent Transport Systems：高度道路交通システム）の制御
技術者を集約し，社内ITの基盤を構築する部隊を集結して，構築されている。

　こうした製品を横断する事業部を集結することにより，自社の持つ制御技術
者の技術と経験を把握すると同時に，製品事業部配下にいる制御技術者をロー
テーションすることにより，全社横断での共通した考え方を構築していくきっ
かけをつかみやすくなる。

　日本の製造業において，製品はネットワークにつながり，制御機能はより一
層重要になっている。こうしたなか，制御技術者は事業部門で一層重要なリ
ソースとなっており，事業部門から囲われる傾向にあるため，本社もしくは他
事業部門には見えていないことが多い。したがって，制御技術者などの人材リ
ソースを可視化する仕組みをいかに構築するかも，自社分析の進め方として非
常に重要なものとなる。

㈠　マーケティング・販売リソースに関する分析

　マーケティング・販売人員に関する分析では，販売人員のスキル，顧客基盤について，表層的ではなく深い理解を持つことが重要である。

　まず，販売人員のスキルについては，製品のカタログ販売なのか，エンジニアリングリソースも交え技術的なスペックインができるのか，政府関係などガバメントリレーションに優れているのかなど，どのような事業領域が展開可能なのかの判断に大きくかかわってくる。

　また自社の顧客基盤については，どのような顧客に取引があるかは販売実績を見ればわかるが，さらに顧客内のどのようなところに接点があるかが大事である。経営層に入り込んでいるのか，それとも購買窓口なのか，情報システム部なのか，人脈図のような形でその関係性の深さを把握することが大事である。特に人脈については，販売人員個人のものとなりがちであり，こうした人脈については，常日頃から組織の人脈として共有を進めることが求められる。つまり，組織による人脈の共有を進めることにより，自社の顧客基盤が強さの源泉となり得る。例えば，顧客の経営陣に強いコネクションを保有しているとか，地方政府などガバメントリレーションが強いということであれば，単にハードウェアを販売するのではなく，業務プロセス改革や政府のインフラ計画に対する提言など過去と違ったミッションと事業領域を生み出すための強い基盤となり得る。

　また，自社がどのような販売チャネルを有しているのかを見る必要がある。例えば，販売チャネルが保有している顧客基盤と成長性，自社との取引状況などから，自社が保有するポテンシャルが高いチャネルを把握することにより，ビジョンを実現するために自社が活用できる販売チャネルを明確にすることも大事だ。

㈡　保守サービスに関する分析

　保守基盤は自社の事業をサービス型の事業に転換していくうえで大変重要な基盤となる。保守の強みは，ａ．保守人員の拠点網（保守ネットワーク），ｂ．

保守が持つ監視技術などモニタリング技術，c.モニタリングの結果から人員を派遣し最短で保守を実施する技術等がある。

a.については拠点網の多さを見れば一目瞭然である。また，各拠点の保守人員の保有資格，技術スキルなども分析することで，保有人員の数と質，分布を把握し，その強さを理解することができる。

b.保守が持つ監視技術などモニタリング技術はIoTを活用し，機械にセンサーをつけて，監視を行い，稼働状況を監視しながら部品の摩耗状態，故障の予兆を察知し，機械を壊さずに予兆保全する技術である。例えば複写機メーカーではこのような予兆保全技術が進んでおり，監視センターで機器の監視を行い，遠隔診断しながら顧客からのサービスコールをなくそうとしている。つまり，顧客にサービスコールをさせないことを最大のモットーに，常にセンサーで監視をし，消耗品切れの防止（消耗品自動発送），消耗部品の事前交換，エラー情報からの故障予知による事前保守を徹底している。

c.については，サービス人員のスキル，位置情報，発生しているサービスコールを分析し，求められるサービス要件に合致したスキルを保有し，最も近くにいるサービス人員を派遣（ディスパッチ）するなどの仕組みも，短期間では構築できない強みとなる。

こうした強みは，事業展開のうえで非常に重要なインフラとなり得る。自社が保有する保守網はIoTによる保守事業を行ううえでは非常に重要な強みである。

このような観点から，サービス人員が持つ技術スキル，保守拠点数，保守におけるIT基盤，ディスパッチ力（サービス人員を迅速に正確に派遣する力），遠隔監視技術などの強みを分解し，把握することが必要となる。

③　染みだし領域の議論により，なぜ自社がそれを行うのかの理由づけを明確にする

市場環境の変化と自社の強みを踏まえ，把握したメガトレンドに対して，自社がどのような領域で事業ができるのかを議論する。大事なのは，10年後などの長期を見据え，バックキャスティング型で3年などの時間レンジで何ができ

るか，現在起きている市場環境の変化から現在できる領域を自社の現在の強み
や関連性がある領域から議論をすることが大事だ。

　つまり事業領域の策定において，納得感が醸成できれば，自社の強みが活き
る領域であるということだ。日本企業は組織の力で経営を行うため，コンセン
サスが醸成できないと強みが発揮できない。したがって，どうしてその領域で
事業を行うのか，市場環境の変化と自社の強みからの“腹おち感”を醸成する
ことが必要だ。

　例えば，日東電工は，「三新活動」で，新用途開発と新製品開発に取り組む
ことで，新しい需要を創造することを50年以上も続けている。新規事業を生み
出すために，まずは同じ技術をベースに，新しい用途を開発するか，新しい技
術をベースに新しい製品を開発することで，新しい事業を生み出そうとしてい
る。

　日東電工は，1980年代から90年代前半まで，半導体業界において，工業用水
を浄化する膜において逆浸透膜を供給し，強い事業を確立していた。しかし，
日本の半導体業界が90年代後半から急速に後退し，新規需要が止まると，逆浸
透膜の製造技術からメンテナンス技術へと軸をずらした。さらに，メガトレン
ドとして，水がこれから希少価値の高い資源になるというところに着目し，半
導体用に使われていた逆浸透膜を海水淡水化という新しい用途に応用した。

　さらに，メンテナンス技術とあわせて提供することでビジネスモデルを昇華
させていった。そして海水淡水化領域において，顧客の業務を運用する事業モ
デルを確立することで新需要開拓を行った。日東電工の強さは実際の活動に落
とし込み，やり抜いていると同時に，足元の変化から染みだし領域を作るため
に，水資源が今後希少価値化していくというメガトレンドにも着目し，用途の
染みだしである海水淡水化に着目するとともに，技術の染みだし領域のメンテ
ナンスを組み合わせたことだ。

④　**ビジョンで目指すために自社に足りないリソースを明確にし，獲得方法を
　　検討する**

　①から③までで，ビジョンで目指す姿に染みだし領域だけでは足りない部分

図表3-8　日東電工の三新活動

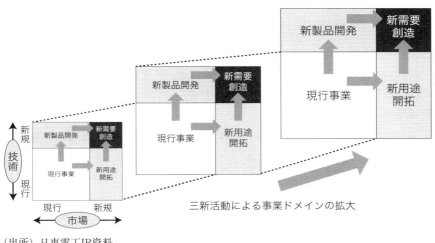

三新活動による事業ドメインの拡大

（出所）日東電工IR資料

が明確になってくる。ここで大事になるのは、ビジョンの実現のため、染みだし領域についてしっかりと議論したうえで、自社に何が足りないかを議論することである。なぜならば、足りないリソースとして、安易に買収を検討すると、買収したリソースを使い切ることができず、失敗に終わるケースが多いからだ。そのため、自社の強みをしっかりと分析し、自社が染みだしでできる事業領域での事業構造改革（トランスフォーメーション）を明確にしたうえで、それでも何が足りないのかという議論を行うことが大事だ。このようにすることで、買収で獲得したリソースを生かすために自社のどのようなリソースが活用できるのかも棚卸しができていることになるからだ。

　例えば、コマツは鉱山会社への"ダントツソリューション"として、ダンプトラックによる無人運転を実現している。コマツが世界で初めて実用化した無人ダンプトラック運行システム（AHS）は、リオティント社が保有するピルバラ地区のウエストアンジェラス鉄鉱山において、2008年より稼働し、特に鉱山の安全性、生産性の向上に貢献している。さらに、2011年には、リオティン

トに対して，さらに150台の無人ダンプトラックを導入している。これは，コマツがリオティントという優良顧客と太いパイプを築き，リオティントが実現しようとしていた「マイン・オブ・ザ・フューチャー」（「未来の鉱山」）構想を共有する事業パートナーにまで関係性を高めていたことに加え，1996年にモジュラーマイニングシステムズ社を買収し，無人ダンプトラックを実現するため，必要なリソースである無線ネットワークシステム，中央管制室の運行管理，最適配車システムを獲得していたことが大きく貢献している。

　さらにコマツは，2021年の創立100周年を見据え，そしてそれ以降も持続的な成長を目指すため3カ年（2016-2018年度）の中期経営計画「Together We Innovate GEMBA Worldwide － Growth Toward Our 100th Anniversary（2021）and Beyond －」における成長戦略の実現に向け，コマツの主要事業である鉱山機械事業の体制を大幅に拡充するため，ジョイ・グローバル社を買収している。この買収により，コマツがこれまで保有していなかった超大型の露天掘り向け鉱山機械および坑内掘り向け鉱山機械の製造・販売・サービスを行うリソースを獲得し，鉱山事業のさらなる強化，成長戦略を実現しようとしている。このように経営者はビジョンを示し，それを実現するための自社の強みを常に棚卸しし，そのうえで，ビジョンを実現するために何が足りないのか，そしてそれらの獲得方法と，獲得したリソースをどのように活用していくかを明確にシナリオとして描いておかなければならない。

　コニカミノルタの山名社長も，ビジョンを実現するためにビジョンを内外に提示するとともに，自社の強みを徹底的に棚卸ししている経営者といえるだろう。同氏は常に，ビジョンをTRANSFORMATIONとして，自社がどのように事業構造を変えていくのか，中長期のビジョンを描き出し，そこに向けてバックキャスティングで必要なリソースを明確にしている。さらに，グローバルに保有する200万の顧客口座，グローバルにある販売網，サービス網を生かし，成長戦略を描くのみならず，足りないリソースを買収により獲得している。そして，これらのリソースと既存の事業領域人材との融合を行うことで，自社が持つ顧客接点やサービス網の強みと獲得したリソースの融合により，着実に

ビジョンを実現しようとしている。

　日本企業は，従来，自社の持つリソースを前提に，積み上げ型の成長戦略を策定し，実現してきた。しかしながら，非連続な環境変化が起きる現在とあっては，メガトレンドからビジョンを描き，それを実現するために何が必要であるかといったバックキャスティング型の戦略策定が喫緊の課題で，一刻も早く実現しなければならない。

[参考文献]
- 東洋経済（http://toyokeizai.net/articles/-/24643?page=2）
- 三菱電機　IR資料（2016年5月発表　中期経営計画）
  （http://www.mitsubishielectric.co.jp/news/2016/0523.pdf）
- ダイヤモンド社　ハーバードビジネスレビュー　日東電工から学ぶ事業領域の持続的拡大（http://www.dhbr.net/articles/-/2172?page=3）

3 戦略を推進できる組織作り

Point ☞

　多くの日本企業において，製品軸での事業展開により，製品縦割りとなり，IoTなどICT技術の進展を活かした製品とサービスの組み合わせによる事業開発，市場のニーズに基づいた事業展開が難しくなっている。

　こうした状況において，戦略実行力を強化していくためには，市場環境の変化を捉え，市場の変化に応じた戦略へのフィードバックと改訂を行いながら，将来のビジョンの実現にむけて，着実に戦略を遂行できる組織機能の構築が求められている。

　先行事例として，コマツ，コニカミノルタについて述べたい。コマツはコマツウェイを基盤とした組織力と戦略実行における基盤づくりを行っている。コニカミノルタは，市場基点で事業を創造する機能を構築している。

　戦略実行力を高める組織作りにむけて，①市場・顧客での組織機能の見直し，②共通価値観の醸成，③失敗の許容と失敗から学ぶ組織の構築，が必要だ。

---

(1) 戦略実行における組織上の問題と改革の方向性

　ここまで，10年先などに実現したいビジョンを策定し，そのビジョンから自社が実現すべきことを描き出していくバックキャスティング型戦略策定の必要性を述べてきた。多くの日本企業は現状からの積み上げにより戦略策定を行ってきたため，実現したい姿から戦略策定を行うことは，とかく戦略実行が乏しいものに陥りやすい。こうした環境下において，戦略実行において，日本企業は組織上の問題点を抱えている。そのなかでも，製品事業縦割りでの事業展開が中心になっていることは事業展開上大きな弊害となりつつある。顧客の課題起点ではなく，製品起点での事業展開となっていることにより，顧客のニーズ

に応えきれなくなっているのである。

　日本企業の過去の成功体験は，品質の良さに基づいた製品の強みにある。製品事業部が製品事業軸ですべてのバリューチェーンを保有しており，グローバルにその事業責任を持つ。これにより製品の強みが担保されてきたといえる，しかしその結果，どうしても戦略策定から戦略実行までを一貫して「製品」で考えてしまうことが多くなる。これが顧客の変化を見逃す大きな理由になっている。つまり，自社の製品，技術を中心に考えるため，大きな市場の変化を見逃してしまいがちであり，その結果，例えば新興国などでの成長戦略において，描いてきた戦略が市場の実態に即さないものとなってしまい，実行力が十分でないことも多い。

　また，製品の普及に伴うコモディティ化により，製品だけではなくサービスも含めた形で顧客に提供することが求められるケースが増加しているが，製品事業中心の事業組織，製品販売を中心とした海外拠点機能では，十分に対応できないことも多い。また，新興国市場のニーズに合致しない過剰品質の製品を提供し，市場で十分な実績を出せないこともある。過去，製品の強みでグローバル展開をすることで，事業の成長を伸ばせた時代であればこれでよかったのであるが，製品の強みだけでグローバル展開を推進し，成長を実現することが難しくなっている。

　その背景として，①製品品質だけでは勝てなくなっている，②IoTによるネットワーク化，サービス化が求められている，といった市場環境の大きな変化が起きていることがある。

　①は，以前は圧倒的な優位な品質を持っていた日本企業の製品品質が，家電製品においては韓国企業に追いつかれている。さらに，半導体，液晶また有機ELにおいては，もはや追い抜かれてもいる。加えて，製品品質だけでは，市場で勝つことは難しくなってきている。このため，何よりも市場におけるニーズを理解し，市場にあわせた製品機能，仕様を構築していくことが必要になっている。このような変化に対応するための組織として，地域側で現地ニーズを理解し，それらのニーズをもとにその地域での事業を作り上げていける能力を

持つことが求められる。しかしながら，現在の日本企業においては現地が保有する機能は製品販売機能が中心の場合が多い。このため，特に新興国事業においては，現地のニーズを汲みきれず，製品仕様が現地に適したものではなく，結果として家電製品では韓国企業に負け，インフラ事業でも欧州企業，中国企業に大きく攻め込まれている。

　②は，IoTにより，製品はスタンドアローンではなく，ネットワークにつながり，使われることになる。これにより，製品からデータを取得し，予兆保全を行ったり，そこから設計に戻すことにより，より製品の品質を高めたり，サービス性を高めることができる。

　例えば，B2Cでは，携帯音楽プレイヤ，今後は冷蔵庫，電子レンジ，など多くのものがインターネットにつながり，消費者にとっての情報提供が行われるだろう。また，アマゾンが展開するALEXAは音声認識機能をあらゆる機器に供給し，自動車の車内，家電製品などがインターネットにつながることを実現しようとしている。また，CONNECTED CARにより，自動車は最大のIoTデバイスになり，製品経由で消費者の様々なデータが取得可能となる。

　また，ガスタービン，複写機，建機，工作機械，航空機エンジン，産業用ロボット，空調など様々なB2Bの機器はインターネットにつなげられ，製品稼動データが膨大に蓄積される。これにより実現されることは，製品販売に加えて，導入前に作業プロセスを解析し導入後の効果を検証するコンサルティングや導入支援，運用，予兆保全など，様々なサービス事業の可能性が拡大することである。

　このような市場環境の変化に対して，いまの日本企業の組織は，製品事業を中心とした組織構造になっており，サービス化に対する対応が組織機能として，追いついていない状態にある。

　こうしたなか，戦略実行力を強化していくためには，市場基点で事業環境の変化を捉え，市場の変化に応じた戦略へのフィードバックと改訂を行いながら，将来のビジョンの実現に向けて，着実に戦略を遂行できる組織機能を構築しなければならない。

第3章　戦略策定　*75*

⑵　戦略遂行のための組織機能 ― 先行事例

　戦略遂行のための組織機能強化の先行事例として，コマツ，コニカミノルタがあげられる。

　コマツは，顧客起点で事業を捉え，強い事業を構築するため，コマツウェイを着実に推進し，組織力を強めている。これは戦略を実行するうえで非常に強い基盤となっている。コニカミノルタは，現地に市場環境の変化をモニタリングし市場起点で事業を創造する機能を有している。

①　共通価値観により組織機能を高めるコマツ

　コマツはコマツウェイにより，組織における共通価値観を醸成している会社である。この共通価値観の醸成，ブランドマネジメントはコマツの戦略実行力を高める組織形成のために大きな意味合いをもっている。それは，組織が戦略実行力を高めるためには，戦略の意味合い，根底となる企業の考え方，目指す方向性の理解が組織の末端まで浸透している必要があるからだ。

　コマツは坂根社長，野路社長，大橋社長と3代にわたり，「ダントツ」戦略を一貫して推進している。坂根社長時代はダントツ商品，野路社長時代はダントツサービス，そして大橋社長はダントツソリューションを展開している。

　「ダントツ商品」とは，安全性，環境対応，ICT，経済性（作業効率）において他社の追随を数年は許さない特長を持つ商品を指す。「ダントツサービス」では，KOMTRAXによる車両の稼働情報データを活用して「機械の見える化」を図り，アフターサービスや部品，レンタル，中古車などのバリューチェーンにおいて，車両のライフサイクル（運用）コストを低減するビジネスを強化した。さらに「ダントツソリューション」とは，最新のICTを活用し，土木工事や鉱山などの現場施工データを収集・分析し，「見える化」することで，顧客の現場の課題に対する解決策を提供するビジネスモデルをいう。こうした戦略を推進するうえで，戦略実行力を高める組織の根底となっているのが，共通価

値観であるコマツウェイである。そのなかのブランドマネジメントは，事業の結果としてコマツが顧客とどのような関係性を実現するかを定義しており，組織一体で戦略実行を推進するうえで，欠かせないものとなっている。

　コマツは，企業価値は，コマツを取り巻く社会とすべてのステークホルダーからの信頼度の総和であると定義し，企業価値を高めることを経営の基本としている。様々なステークホルダーが存在するなかで，これを「企業価値を創る人」と「企業価値を評価する人」に分類して考え，前者を担うものとして，社員，協力会社，販売・サービス店などで，後者を行うものとして，社会，株主，投資家，メディアなどがあるとしている。この両方，つまり企業価値を創り，かつ評価することの両方の役割を担うのが唯一，顧客であると考えている。顧客はコマツの企業価値を共に創り，評価し，さらに成果としてのリターンを与えてくれる存在であるとしている。そこで，顧客からの信頼を高めること，顧客にとって，コマツでなくてはならない度合いを高めることを目指している。そして，パートナーとして選ばれ続ける存在になることを目指し，2007年より

図表3-9　コマツのブランドマネジメント

	顧客関係性七段階モデル	顧客にとってのコマツの価値
7	コマツなしでは事業が成立しない 一緒に成長したい	コマツなしには 事業が成り立たない
6	コマツに何かしてあげたい 一緒に何か創りたい	コマツがあれば 最大限メリットを享受
5	今後もコマツを買い続けたい 今後もコマツと付き合いたい	コマツがなければ オペレーションに支障
4	コマツを買ってよかった 期待どおりだ	他社よりも望ましい
3	他メーカ同様，1台ぐらい買おうかな	1サプライヤ
2	話くらいはきいてやろう	–（買わない）
1	出禁	–（買わない）

（出所）コマツIR資料

ブランドマネジメント活動に取り組んでいる。

したがって，コマツのブランドマネジメント活動における基本的な考え方は，「顧客視点」である。マーケティング活動では，とかく他社との差別化や，市場におけるポジショニングのみの考え方となりがちであるが，「顧客が何を目指しているのか」という理想や使命，目標を達成することを考えるのが顧客視点であるとしている。

それを実現するために，自分たちの持つ経営資源や能力を開発，提供し続ける活動を行っている。これらの取り組みは，経験や勘に頼りがちであったが，コマツのブランドマネジメント活動では，様々なツールや手法を用いて，ケーススタディを「見える化」し，ノウハウを蓄積することにより，それを次世代に残していこうとしている。

2007年度の活動開始以降，当初は活動地域も日本・北米・チリ・南アフリカ・オーストラリアだけであったが，これに加えて，2003年度までには，中国・東南アジア・欧州・ブラジル・オマーン・CIS・林業ビジネスにまで対象の拡大を行っている。2011年度には，この考え方を顧客との関係性における「コマツウェイ」として，「コマツウェイ・ブランドマネジメント編」を作成した。

2014年度は，代理店・現地法人・コマツの総合戦力を底上げするために，日本・欧州・ロシア・北米でのブランドマネジメント会議や，日本・中国・英語圏それぞれの「ブランドマネジメント大会」を開催するとともに，理解の浸透やベスト・プラクティス共有を目的としたリーフレットの発行も行っている。

コマツはブランドマネジメント活動により，短期間に売上や利益，シェアを上げることを目指すのではなく，この活動を通じて顧客と対話をしたり，現地を訪問したりする中で，顧客からの信頼度を高めると同時に，関わる社員や組織力のレベルを向上させている。

コマツからの示唆は，ブランドマネジメント活動のもとに，顧客との関係性を強め，顧客にとってなくてはならない関係性を構築することを組織としての共通認識を醸成していることである。さらに，その関係性を構築するため，具

体的にKOMTRAXなどハードウェアの状態監視も行うことで，顧客のビジネスの可視化を行い，顧客に対する理解を組織的に深めていることが重要な示唆である。

②　新規事業における組織機能を高めるコニカミノルタ

コニカミノルタは，課題解決型カンパニーになることをビジョンに唱え，そこに向かってどのように事業構造を転換（TRANSFORMATION）するかを組織として考え，組織力を高めている。社会のニーズを探求し，次々と生み出される世界中のアイデアと技術を結集して，最適な解を提供する"マーケットイン"のコンセプトが重要になっている。

コニカミノルタは"マーケットイン"のコンセプトを具現化するため，地域拠点におけるビジネスイノベーションセンター機能の構築と外部人材の登用による組織機能の強化を推進している。

同社は，事業のトランスフォーメーションを実現するためには，既存の製品事業と異なるところで市場との接点を持ち，市場の変化を見極めながら，事業の構造改革を推進する組織が必要になると明確に定めている。このため，コニカミノルタはこの機能を構築するために，ビジネスイノベーションセンターをグローバル５拠点に構築している。ビジネスイノベーションセンターは，コニカミノルタの成長戦略の中核を担う組織として，地域・市場のニーズに即した新規ビジネスを創出するため，2014年に世界５拠点に設立された。そのミッションは，顧客のニーズを深く理解することによって，最大の価値を世界に送り出すことである。そして，イノベーションを起こすことにより，新しい価値を顧客に提供し，今まで誰もが実現し得なかった空想的なアイデアをサービスへと進化させ，人々の生活やビジネスに役立つ新しい事業を創造し続けようとしている。

ビジネスイノベーションセンターでは，ベンチャー企業への投資を行い，彼らとともに新しい価値を生み出す共創（Co-Creation）によって，イノベーションを推進している。厳しい競争が続く市場において，ベンチャー企業が成功す

る最たる要因は，徹底的な顧客視点，または社会的意義とスピードであると同社は考えている。

コニカミノルタには，高い技術と世界に200万アカウントの顧客，さらにそれらを支える販売・サポート拠点がある。これらの強みに加えて，顧客視点とスピードを加えることにより，大きな価値を生み出そうとしている。

つまり，コニカミノルタにベンチャー企業のカルチャーを取り入れて，事業開発の速度を高めることがビジネスイノベーションセンターのチャレンジである。

同社は売上高の80％を海外事業で占めており，世界中に顧客が存在している。多くの企業がシリコンバレーにイノベーションセンターを設置するなかで，コニカミノルタがビジネスイノベーションセンターを世界5極で運営しているのは，"顧客起点でのイノベーション"という方針を実践していくためである。

この戦略的組織であるビジネスイノベーションセンターをリードしていくため，外部から積極的に人材を登用している。加えて，こうした組織に内部の優秀な人材を配置し，ミックスすることで，事業の構造転換を加速させているのである。こうして，各地のビジネスイノベーションセンター幹部には，地域の状況に詳しく，様々な業界で起業経験を豊富に持つ"イノベーター"人材を結集し，教育機関や研究機関，新興企業，投資家など幅広い分野でのパートナーとの密接なる連携，オープンイノベーションが続々と生まれてきている。

こうした活動は，従来の製品事業とは全く異なる組織機能をBICが持っているため実現できている。つまり，従来のコニカミノルタの複写機事業は製品の仕様を明確に定め，厳格な品質基準のもとに製品を開発し，販売をしていたが，BICにおいて行うことは，顧客とともに課題を明確にし，その解決方法を検討し，構築していくことだ。そこでは，トライ＆エラーの連続であり，考えながら事業を創り上げていくプロセスが実施されている。こうした組織機能を明確に構築し，外部人材を活用しながら組織機能を作り上げていることは非常に示唆が多い。

(3) 戦略実行力強化のための組織作りに向けて

戦略実行力を高める組織作りに向け，①共通価値観の醸成，②市場・顧客軸での組織機能の再設計，③失敗の許容と失敗から学ぶ組織を構築しなければならない。

① 共通価値観の醸成

戦略実行力が高い組織では共通価値観が基盤となっている。事業環境がグローバルになっていくなか，様々な市場で様々な人種の従業員とともに事業を遂行する際，戦略を浸透させていくことは予想以上に難しい。数字目標は伝わるが，その背景となる考え方は伝わっていないことがほとんどである。コマツはここに着目し，自社が大事にしている考え方をまとめ上げ，コマツウェイとして共通した価値観を徹底的に組織内に浸透させることを推進している。このコマツウェイとコマツが推進しているダントツ商品，ダントツサービス，ダントツソリューションといった戦略の実行力の強さは密接不可分であり，かつ表裏一体である。つまり，コマツウェイのブランドマネジメント活動により，常に顧客が目指していることを理解し，コマツがなくてはならない存在になるには，どのようなことを実現しなければいけないかを考えることを組織風土として浸透させている。

これはまさしく自社は何を実現すべきであるかから考え，そのために自社は何ができるのか，何が足りないかをバックキャスティング型で実施しているといっていい。

組織が戦略実行力を高めるには，このような共通価値観の醸成がなければならない。そのためには，過去から自社が大事にしている価値観を内部ヒアリングにより，まとめあげていくことが必要だ。必要なのは，新たに何か価値観を作り上げるのではなく，過去から自社内部で大事にされているエピソード，経営危機を乗り越えてきた修羅場体験などをまとめ上げ，組織内に共通価値観と

して浸透させていくことである。こうすることで，市場，顧客に対して自社がよりなくてはならない存在になるために，何をするべきかを基準に意思決定ができる戦略をつくることができる。

②　地域・顧客軸での組織機能の再設計

加えて大事になるのが，地域・顧客軸での組織機能の再設計だろう。なぜならば先述したように日本企業は製品事業軸でグローバルな経営をしている。欧米企業はこれに対して地域軸を組み合わせマトリックスの経営をしている。確かに製品事業をグローバルに見るということにおいては，製品事業別グローバル組織は優れている。しかしながら，この組織形態では，製品事業ごとに海外拠点にバラバラに販売機能が構築され，同じ顧客に複数の製品事業が全く別々に顧客接点を持つことになる。このような状況になると市場起点で変化を捉えていくことは難しい。したがって，地域・顧客軸での組織機能の再設計が必要になるだろう。

㋐　地域軸での組織機能の再設計

まず，組織機能の再設計として，地域拠点機能の強化が挙げられるだろう。過去の製品事業の海外進出の歴史から，地域にそれぞれの製品事業部がバラバラに販売会社を持っていることも多い。このようなケースでは，地域拠点の機能強化が求められる。例えば，IoTによる製品からデータ収集し，解析を行い，サービス提供をしていく機能やエンジニアリングなどサービス機能は，事業それぞれがバラバラで保有するのではなく，地域で複数事業の共通基盤とすることが必要だろう。また，地域固有のニーズを開拓し新しい事業を創造するなど，戦略を実現していくために，地域拠点で事業をつくりあげていく機能を構築しなければならない。

この場合，何よりも問題になるのはそのリソースをどこから捻出するかである。例えば，事業展開上最もその地域に根ざしている事業部門をその地域でのチャンピン事業とし，全社大での地域市場起点の中心的な役割を担わせること

も有効だ。例えば，シーメンスでは米国地域において，市場規模，成長が大きく，自社の事業展開も強いパワー＆ガス事業部門が中心となり，顧客に対して製品横断での事業展開を行っている。また，パワー＆ガス部門のトップであるリサ・デービスがシーメンスアメリカのトップも兼務することで，地域での製品事業横断的な事業展開の際，最も課題となる事業からのリソース配分をしやすい形にしている。

図表3-10　製品事業軸，地域軸，顧客軸での管理イメージ

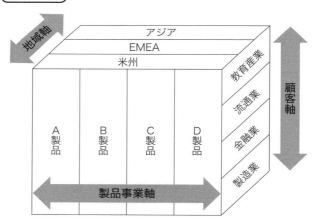

（出所）野村総合研究所作成

(イ)　顧客軸での組織機能の再設計

さらに重要なのが業界など顧客軸での組織機能の設計である。例えば，シーメンスは市場開拓委員会により顧客業界別で戦略策定をし，さらに顧客業界別のアカウントマネージャーとともに狙った業界に対する戦略展開を行っていた。シーメンスには，特に重要とされる大手顧客には，顧客をグローバルに担当するコーポレートアカウントマネージャー，さらに製品軸で顧客を担当する製品事業部門のアカウントマネージャー，地域内で製品横断的に顧客への浸透を推

進する地域のアカウントマネージャーがいる。そしてこの全体のアカウントマネジメント活動は，コーポレートのアカウントマネージャーがグローバルに担当し，グローバル規模で顧客をどのように攻略するかの戦略を策定し，各事業部門，地域と連携し推進する責任と権限を有している。

つまり，戦略実行力を高めていくためには，顧客軸で，自社がどのような事業を展開したいかまで戦略のメッシュを細かくし，顧客に対して実現したい価値を明確にし，営業部隊と一貫性を持った形で活動を展開することが必要だ。

そしてグローバルに顧客を攻略するコーポレートアカウントマネージャー戦略を遂行するために，顧客の業界の市場環境，業界が抱えている課題，顧客個社における課題，さらに自社がどのような価値でそれらの課題を将来解決していくことができるのか，を明確にし，顧客に対する提案シナリオを構築していく。それは現在，提供できる製品だけではなく，少し長い時間軸で，顧客の重要な課題に対して，自社が保有する技術，サービスなどを組み合わせることで，どのような課題解決の提供が可能かという視点でまとめていくことが必要だ。なぜならば，製品供給をすればいい話であれば製品事業部内で製品を顧客に販売すればいいからである。そして，コーポレートアカウントマネージャーは世界各地，事業のアカウントマネージャーをたばね，組織として中長期でいかに顧客の課題を解決していくかを目指し，戦略実行力を高めていくことが必要である。

③　失敗の許容と失敗から学ぶ組織

戦略実行力を高めるための組織で重要なのが，失敗の許容と失敗から学ぶ組織であることだ。長期のビジョンを実現するためにバックキャスティング型の戦略を実行していくためには，失敗の許容と失敗から学ぶ組織をつくりあげていかなければならない。つまり，非連続の将来に対して実現すべき事業の姿を目指し，現在とのギャップを埋めていくためには，過去の延長線上にはない新しいビジネスモデル，提供価値を実現していかなければならない。それはPOC（プルーフオブコンセプト）[注]などによる実証実験を顧客と繰り返し，

失敗を繰り返しながら，新しい価値の実現を目指さなければならない。つまり，その過程においては，じっくり製品仕様を固めてから製品発売するのではなく，顧客の悩みを聞き出しながら，顧客とともにイノベーションを創造しようとするものだ。この過程では，小さな失敗の繰り返しから，新しいものを実現する過程を経なければならず，そこに求められる組織機能は，過去の製品事業とは全く異なるものとなっている。こうした事業スタイルを構築するには，失敗を許容し，そこから学ぶ組織風土を作らなければ戦略実行は伴わないだろう。戦略を絵に描いた餅に終わらせないためにも，顧客起点で失敗を恐れず戦略の実行ができる組織風土を創りあげていかなければならない。

　そのためには，失敗体験を組織として共有し，そこからの学びを重んじ，組織として学習していくことが大事だ。まず，新しいことに挑戦したことに対して，挑戦することと同時に失敗に対する価値観を明示することも大事だ。例えば，3Mは，「自主性と失敗の許容」を価値観として明示している。日東電工は，THE NITTO WAY内に，「新しい価値創造のチャレンジ」という項目があり，そのなかに「失敗を恐れて何もしないより，たとえ一時は失敗したとしてもチャレンジを続けます」と明確に失敗の許容を謳っている。こうした日東電工や3Mの企業風土，組織文化は常に新しいことにチャレンジをし，失敗を許容すると同時に失敗から多くのことを学び，次のチャレンジにつなげる企業風土がある。この結果，両社とも新しい事業を次々と生み出し，事業ポートフォリオを変革し，着実なる戦略実行をしている。

　日本企業は過去より，定量評価が定着したことにより，減点主義に陥りやすく失敗を許容しない組織風土が形成されていることも多い。その結果，失敗からの反省を組織内で十分議論できる風土が乏しく，結果として同じ失敗を繰り返していることが多い。こうした状況を打破し，日本企業が中長期のビジョンを実現し，戦略実行していくためには，失敗を恐れず，逆に失敗から学ぶ組織文化を創り上げなければならない。そのためには，評価制度内に，いかに難しいことに挑戦したかを評価し，チャレンジからの失敗に対して組織としてレビューを行い次のチャレンジに生かしていく評価制度，組織としてのレビュー

の仕組みを創り上げなければならない。

（注） POCとは，新しい概念や理論などが実現可能であることを示すための，簡易な試行。プロトタイプ（試作）の前段階で実現可能性の検証を行うもの。

―第4章―

戦略実行力を高めるために求められる機能

リスク管理とルールメイキング
- 高まる事業リスク　・日本企業の問題　・先行事例
- 戦略実行力を高めるリスク管理とルールメイキング

コーポレート本社機能の強化
- 戦略策定と戦略実行フォローにおけるコーポレート本社の問題
- 先行事例　・本社機能強化のために何をすべきか？

戦略コミュニケーションの向上
- 戦略コミュニケーションにおける問題点　・先行事例
- 戦略コミュニケーション強化における方向性

戦略実行を支える権限委譲
- 戦略実行における組織権限上の問題
- 先行事例　・権限委譲にむけて

戦略実行を支える人材育成
- 戦略実行における人材育成での問題　・先行事例
- 戦略実行力を高めるための人材育成の方向性

リスク管理とルールメイキング

> **Point** ☞
>
> 事業リスクが高まっている。その大きな要因は、①市場環境の大きな変化、②技術革新の進展による破壊的市場環境の変化によるところが大きい。このような環境においては、ⅰ．市場環境の変化に対して後追い、ⅱ．リスク管理・ルールメイキング体制の不備などといった課題がある。
>
> 先行事例として、ハイドロワン、ウォルマート、ヤクルト、ダイキンを紹介したい。
>
> 戦略実行力を高めるためには、①リスク統括体制の構築、②リスク管理プロセスの構築について述べる。さらにルールメイキング機能の強化として、①ルールメイキング推進機能の構築、②戦略的コミュニケーションの展開について述べる。

(1) 高まる事業リスク

事業活動のグローバル化に伴い、企業が直面するリスクは、戦略リスク、財務リスク、経営環境リスク、ハザードリスク、業務リスクなど多様化している（図表4-1参照）。

図表4-1　リスク分類表

リスクの分類		
大分類	中分類	キーワード
戦略リスク	経営戦略	●戦略判断ミス ●資源配分のミス ●開発・製造拠点の海外分散 ●特定顧客への集中 ●企画事業が頓挫 ●売上至上主義

第4章　戦略実行力を高めるために求められる機能　　*89*

リスクの分類		
大分類	中分類	キーワード
	組織構造	• 組織間の壁 • 頻繁な組織変更 • 特定部署の聖域化 • 隠蔽体質 • 虚偽の報告 • 情報伝達の遅延 • 経営会議・取締役会の形骸化 • 子会社の管理不備
	マネジメント	• 計画策定プロセスが不適当 • モニタリングの機能不全 • 従業員のモラル欠如・教育の不徹底 • 監査妨害
	マーケティング	• 市場調査不足 • 宣伝・広告の失敗 • 競合の変化
	人事制度	• 従業員の高齢化（人員構成） • 採用時のミス • 評価制度の不備 • 人材開発における想定外のエラー
財務リスク	資本・負債	• 格付けの下落 • 金融支援の停止 • 資金計画の失敗
	資産運用	• デリバティブ運用の失敗 • 株価変動 • 不動産 • 不適切な株主構成
	決済	• 取引先倒産 • 金利変動 • 為替変動 • 売掛金の未回収 • 粉飾決算 • 会計監査人との癒着
	流動性	• 黒字倒産 • 財務体質の悪化
経営環境リスク	政治	• 法改正への対応遅れ • 国際社会の圧力 • 貿易問題 • 戦争・内乱 • 規制の無視

リスクの分類		
大分類	中分類	キーワード
	経済	• 経済危機 • 原料・資材の高騰 • 景気変動 • 株式市場の低迷
	社会	• 不買運動 • 地域社会との関係悪化 • 反社会的勢力とのつき合い • レピュテーション・リスク • 技術革新への対応の不備
ハザードリスク	自然災害	• 天災（台風・地震・噴火） • 天候不良 • 異常気象（冷夏・猛暑等）
	事故・故障	• 火災 • 設備故障 • 盗難 • 不法侵入 • 航空機事故
業務リスク	製品・サービス	• 品質管理不備 • 顧客対応 • 顧客情報漏洩 • アフターフォロー対応 • クレーム対応 • 受注したシステムの開発が頓挫 • システム運用時の不備（情報流出など） • アウトソーシング業務の運営が困難 • 顧客過大重視
	調達	• 部材調達 • 製品調達 • 一社集中調達
	物流	• 物流委託先の管理
	法務・倫理	• 不正取引 • インサイダー取引 • 商法・下請法・独占禁止法など各種法令違反 • 特許紛争
	環境対応	• 環境規制 • 廃棄物処理
	情報流出	• 従業員・協力会社からの情報漏洩 • インサイダー情報の不正利用

第4章　戦略実行力を高めるために求められる機能　*91*

リスクの分類		
大分類	中分類	キーワード
	労務人事	• 過重労働 • セクシュアルハラスメント • パワーハラスメント • ストライキ • 伝染病 • 差別
	メディア対応	• 活用メディアの失敗 • 風評 • 情報開示基準の不備
	権限・指示命令	• 権限逸脱 • 指示命令系統の機能不全 • 協力会社の管理不備（丸投げリスク）
	情報システム	• ハードウエア障害 • ネットワーク障害 • コンピュータウイルスの侵入 • 不正アクセス
	経営者	• 経営者の死亡 • 役員のスキャンダル • 乱脈経営 • ガバナンスの不徹底

（出所）野村総合研究所作成

　近年，リスク管理が製造業にとって重要になっているが，その理由は，リスクが多様化，複雑化していることに加え，量的にも空間的にも拡大する傾向にあるからだ。リスクが拡大する背景には，①グローバルな市場環境の大きな変化と②技術変革の進展による破壊的市場環境の変化によるところが大きい。

①　グローバルな市場環境の大きな変化

　事業環境がグローバルになること伴い，その事業地域が広がっている。しかも昨今は，成長著しい新興国での事業比率があがり，カントリーリスクの問題に直面することも多い。

　グローバルな市場環境の変化によるリスクを(ア)カントリーリスクと(イ)各国の規制や政策の変化によるリスクに分けて述べる。

㈎ カントリーリスク

2016年10月のタイのプミポン国王の死に伴う政情不安が記憶に新しい。また，昨今は南米地域の市場環境が著しく変化している。例えば，ベネズエラは超インフレに苦しんでおり，2018年8月20日には，当初予想されていたゼロ3つ（千分の1）からゼロ5つ（10万分の1）への通貨の切下げを実施した。しかしながら，国際通貨基金（IMF）は，同国のインフレ率が年内に100万％に達すると予想しており，デノミの効果は一時的なものであると考えているなど，その事業リスクは高まっている。

昨今は，ラストフロンティアと呼ばれているアフリカ諸国への日本企業の関心は高まるばかりだ。しかしながら，頻発するテロ，重犯罪，蔓延する汚職，不安定な為替，外貨不足など，リスクも多い。しかしながら，ナイジェリアのように1.86億人という豊富な人口，長期にわたる人口増，豊かな資源に恵まれている国も多く，リスクをマネジメントすることにより，事業機会をどう獲得するかという視点が重要になっている。

㈏ 各国の規制や政策の変化によるリスク

また，各国の規制や政策の変化に伴う市場環境の大きな変化も重要だ。例えば，自動車の世界では環境規制が大きく変化している。地球温暖化や大気汚染を食い止めるため，世界規模での自動車の環境規制強化が顕著だ。そのなかでも特に厳しいのが欧州である。欧州では，2021年には走行1km当たりの二酸化炭素（CO_2）の排出量を現行基準より3割少ない平均95g以下に抑える必要がある。さらに，2030年には，21年基準からさらに3割減少させる目標が課される。

イギリス，フランス政府は，2040年までにガソリン車やディーゼル車の販売を全面禁止する方針を示しており，これにあわせて，ドイツフォルクスワーゲン（VW）などの欧州メーカーはEVつまり電気自動車を軸とした環境車の開発を急いでいる。さらにこうした動きに機敏に対応しているのが中国である。中国では，メーカーが製造・販売する車のうち，一定比率をEVやプラグイン

ハイブリッド車（PHV）など新エネルギー車（NEV）にすることを義務づける規制が始まる。2019年にはその比率を10％，2020年には12％と定め，車種の走行性能により異なる数値ポイント制度を採用し，自動車メーカーごとに義務づけ台数を算出するとしている。

これに対して米国は，トランプ政権となり若干逆行している感もあるが，特に環境規制に熱心なカリフォルニア州では，州内で一定以上の車を販売するメーカーに対して，EVやPHVの販売を義務づける「ZEV規制」を設定している。

さらに，環境エネルギーにおいても大きな市場環境の変化が起きている。再生可能エネルギーは太陽光中心に，世界で急拡大している。

国際再生可能エネルギー機関（IRENA）の調べによると，2017年末の発電容量は，3.8億kwと年３割程度増えており，５年で４倍に増え，すべての再生可能エネルギー増加分の４割を占めるに至っている。

太陽光発電は，水力や風力を上回るペースで急速なる広がりを見せていることであり，これは再生可能エネルギー導入を後押しする各国の優遇政策によるところが大きいだろう。中国も日本と同様に再生可能エネルギーを買い取る制度を導入している。また，インドでは，電力不足の解決を目指し，政府が主導して，太陽光発電事業者を集約して，「ソーラー・パーク」の建設を進めている。また，サウジアラビアやアラブ首長国連邦においても，100万kw以上の太陽光発電施設「ギガソーラー」の建設が目白押しである。

このような国の優遇政策に加えて，中国メーカーを中心としたパネル価格の下落も牽引している大きな要因であろう。中国の太陽光メーカーの増産で，太陽光パネルの価格が下落し，ハードウェアに加え，運営コストも2010年に比較して，７割下落しているという。IRENAの調べによると，2020年には，世界の太陽光発電容量が６億kw弱と2017年に比較して，５倍に増えると予想している。

このような変化は，重電メーカーにとっては，ガスタービンなど現在の事業に非常に大きなインパクトを与える。

②　技術変革の進展による破壊的市場環境の変化

　さらに重要なる市場の変化は技術革新の進展だ。インターネット，通信環境の高速化，センサー技術の進化により，様々なものから情報が取ることが可能となった。いわゆるIoTにより，世の中の様々なものがインターネットにつながり，情報が蓄積される。例えば，個人がスマートフォンを持つことにより，消費者がいつ，どこで何をしているかなど，様々な情報取得が可能となっている。

　また，①で規制，国の政策面から述べたように，LiDAR（Light Detection and Ranging，ライダー）技術，ミリ波センサー，そして車載カメラなどの技術の進化は著しく，AIの技術を組み合わせることにより，認識技術は格段に高まっている。

　米国のNVIDIAは，自動車向けAI車載コンピュータでNVIDIA DRIVE PXというAI車載コンピューティングのオープンプラットフォームを提供している。これにより，車両周辺の情報をリアルタイムで把握し，高精細地図で車両の位置を正確に認識することにより，安全なる経路を計画することが可能となる。このプラットフォームにディープラーニング，センサーフュージョン，サラウンドビジョンを組み合わせ，自動運転における強固なるプラットフォームを構築しようとしている。

　また，Uberや東南アジアを中心に事業展開するグラブ（本社シンガポール）や，中国の滴滴出行（ディディチューシン）などのシェアリングサービスはその勢いは留まるところを知らず，配車サービスのみならず，レストランの宅配など，そのサービスを多様化させており，自動車は所有から，"使う"という概念に大きな転換をもたらした。また，シェアリングサービスは，自転車，ホテル（住居スペースのホテル利用），駐車場など様々な領域に広がりをみせている。

　環境エネルギーにおいても，IoTの進化により，エネルギーの需要予測，DR（デマンドレスポンス），つまり，電気料金価格の設定やインセンティブに

より，需要家の電力使用を抑制することが可能となった。

このような技術革新の大きな進展は，過去からの事業モデルを破壊的に壊していく大きなインパクトがあり，従来からの事業モデルに固執すると，大きな事業リスクに直面することとなる。

⑵　日本企業の問題

このような環境変化のなか，日本企業の課題は，①市場環境の変化に対して後追い，②リスク管理・ルールメイキング体制の不備がある。

①　市場環境の変化に対して後追い

日本企業の多くはリスク管理についての対応が十分ではなく，リスク管理部門とされているところも実施していることといえば，リスクが発生する前に対策を講じるといった管理には程遠く，リスクが発生してしまった後，それに対してどう対応するかといったクライシス管理に終始しているケースが散見される。しかしながら，こうした状態では，一度リスクが発生すると戦略に対する実行，推進力はスローダウンしてしまう。

予想される事業環境の変化に対して，それがリスクとなり得るのか，どの程度のリスクとしてのインパクトの大きさがあり，その確率はどの程度高いのかを明確に評価する手法を持ち，それに対して，備える仕組みと体制が必要になるのだが，そこまで至らないことが多いといえる。そのため，事後対応になってしまい，リスク管理がクライシス管理となり，事後，謝罪対応をする，という事態も見受けられる。

また，事業環境の変化は事業機会にもなる。先述したような自動車における環境規制，安全装備における規制においても，その規制は事業環境を大きく変化させる。ドイツのボッシュは，アンチロックブレーキの開発において先行し，さらに規制当局に常に働きかけることにより，標準装備化など，その市場を飛躍的に高めた。つまり，環境規制や安全に関する規制はそれらの動きを先取り

する，もしくは社会的課題を提言して，その必要性を訴求することで市場を創造することもできるのである。このような変化に対して，先回りをすることで，市場形成を行っていく欧米企業に対して，日本企業は後追いになってしまうことが多いのだ。

② リスク管理・ルールメイキング体制の不備

㋐ リスク管理体制の不備

多くの日本企業においては，リスク管理について，担当部門，担当役員の設置はしているが，事業部門の活動の内部に潜むリスクの棚卸しが徹底されないなど，事業部門とともに潜在的なリスクを低減させていける体制になっていないことが多い。

これは，日本企業が，コンプライアンス，情報セキュリティ，SOX対応などの対応部門を本社側で増やしてきたことにより，それらが専門部門化し，事業部門に対して，様々なる業務監査などを行うなど，いうなればピッチャーの数だけ増大し，キャッチャーは増員なしという状態が続いてきたことに起因している。そのため，それぞれの観点から事業に潜むリスクを見る部門がなく，リスクを統合的に捉えることができていないということが多い。

㋑ リスク評価とそれに基づくPDCAの不備

日本企業でも多くがリスクマップを策定した。しかしながら，リスクの発生可能性とそのインパクトで整理をするなど，リスクマップを策定しても，事業環境の変化にあわせ，その重要度合いは目まぐるしく変化する。

また，自社対応だけで軽減できるリスクとそうではないものがあるが，それを分類するだけでは不十分であり，各事業部門の事業戦略，事業環境の変化を適切に反映し，そのリスクを見積もり，評価し，自社内のみならず，場合によっては外部も巻き込んだ形でのリスクの軽減方法へと対応策を講じなければならない。

しかしながら，評価のための評価に終わり，その後の具体的対応策に落とし

込み，モニタリングをしながら，PDCAをまわせている事例は稀有である。

（ウ）　規格や規制に対する後追い

　戦略の実行力を高めていくためには，市場環境変化を俊敏に把握し，リスク管理を強化するのみならず，その変化を事業機会にすべく，ルール作りを仕掛けていくことが必要だ。しかしながら，日本企業はルールメイキングについて，後手に回ることが多い。例えば，携帯電話においては，i-Modeなど進んだ技術を持っていたにもかかわらず，通信規格競争においては完全な後手に回った。その結果，日本の携帯電話はガラパゴス化し，特殊な進化を遂げた生命体のごとく絶滅化してしまった。

　インフラ産業でも同様なことがいえる。日本のインフラ技術は技術的には優れているが，交通システムにおいて，シーメンス，アルストムなどの欧州メーカーが規格作りでは圧倒的に強く，その技術力を発揮できずにいる。自動車分野も同様である。排ガス規制に関する動きは欧州で先行しており，規格作り，規格対応に関する取り組みは，欧州企業がリードしている。また，インダストリー4.0で推進されるIoTでの生産革新においても，海外では様々な実証実験，規格作りが進んでいるが，日本においては，企業単独での技術開発の進展に留まっている。

　多くの日本の製造業はこうしたグローバルな規格作りや業界の流れを作ることから縁遠いところで，自らの技術の良さで勝負をしているため，市場機会の変化を捉えることができず，規制の動きに対して後追いになっているのである。

　特に自動運転のような世界では，自動車の大きなパラダイムシフトのなかで，自動運転のレベル3（条件つき自動運転），レベル4（高度自動運転，ドライバーの存在は必須），さらにはレベル5（ドライバーがいない完全自動運転）を実現する段階になると，技術に対してルールが後追いされる形になる。つまり，技術だけを提供するのではなく，そこに必要となるルール作りに携わり，関係機関に働きかけていくことで，ルールメイキングに携わらなければならない。こうしたルールメイキングの体制については，日本企業は過去から取り組

みが弱く，多くの課題を抱えている。

⑶　先行事例

　先行事例として，ハイドロワン，ウォルマートについて述べる。また，とかく欧米企業と比較すると，ルールメイキングへの取り組みは遅れている日本企業であるが，そうしたなか先進事例として，ヤクルト，ダイキンなどの取り組みを述べたい。

①　事業戦略実現のためのリスク管理力を高めるハイドロワン

　ハイドロワンはカナダ・オンタリオ州に本社を置く送配電企業である。ハイドロワンのインテリジェンス機能は，㋐優秀なCROの存在，㋑直接面談によるリスク情報収集，㋒事業戦略を勘案したリスク評価の点に特徴が見られる。

㋐　優秀なCROの存在

　日本ではリスク管理管掌の役員として，CRO（Chief Risk Officer）を明示する企業も増えてきているが，ハイドロワンが他の企業と異なる点は，CROの資質や動き方にあると思われる。動き方についていえば，以下のような活動が指摘できよう。

　同社では，半年に一度の頻度でリスク管理部門が事業部門とワークショップを開催し，各事業部門が抱えるリスクを評価し，「リスク評価シート」に取りまとめている。その際，CROは，自らがビジネス部門と直接会話し，事業部門のマネジメント層が懸念するリスクを詳細に確認し，その結果をリスク評価シートに追記したうえで，CEOに報告している。CROがこれほどまで能動的に動き回るケースは極めて稀である。

㋑　直接面談によるリスク情報収集

　先のリスク評価シートには，戦略，財務，レピュテーション，規制当局との

関係性などの項目とそれぞれについての詳細項目，考えられるイベント，リスクとしてのインパクトの大きさなどが整理されている。このようなリスクカテゴリ単位で抽出する手法は特別目新しいものではないが，同社の情報収集方法として注目すべきは，直接，現場担当者に接し，場合によっては匿名のリスク情報や発生可能性に関する情報を得ている点にある。

　金融機関や事業会社においてリスク評価の手法として定着しつつあるCSA（Control Self Assessment）は，より現場に近い人が自らの経験に基づきリスクを抽出するという点において，リスク情報に関する一定の品質と効率性を担保する方法として評価されている。しかしながら，近年の日本企業における不正や事件，事故は，実際に起きてから考えれば，起こるべくして起きたものも多いが，そうした事象への危惧は，依然として人の心象のなかにあることが多く，CSAにも限界があるといわれている。

　そうした問題を解消するためには，初期のリスク情報を見えるようにしていくことが必要である。そのためには，CROがビジネス部門を牽制する対象ではなく，現場から信頼される人材であることが条件となってくる。

㈹　事業戦略を勘案したリスク評価

　リスクマップに関してはハイドロワンも，発生可能性と影響度に沿って評価しているが，同社では，さらに，ビジネス部門の中期経営計画等に示された戦略に立ち入ってリスクを評価している。単にリスクの評点をつけ，経営者に報告するという形式的・儀式的な評価ではない。ハイドロワンでは，ビジネス部門が描いた実行計画，戦略に潜むリスクを現場の主観的な情報をもとに把握し，それを専門部隊が客観的に分析しているのである。リスク評価には，このような目利き力が必要不可欠であり，その意味では，CROは単なる評価責任者ではなく，ビジネスにも精通した分析専門家であることが求められる。そのような資質を持つCROがいれば，一企業としてはどうにも対処ができない"為替リスク"が最上位にくることはない。

②　ルールメイキングを組織的に推進するウォルマート

　ウォルマートでは，CEO直属に，コーポレート・アフェアーズという組織が設けられ，その傘下に，ルールメイキング戦略機能を担う部門として，政府折衝，国際機関対応などを行う，「ガバメントリレーション」「通称政策担当」などのチームに加え，社会・環境に関する諸課題について，自主主導で様々なルールや活動目標を策定し，サプライヤーも巻き込んだ具体的なプログラムに落とし込む「サステナビリティ」の専門部隊を設けている。

　そして，その組織内では，政策アナリスト，ロビイスト，議員秘書，弁護士，シンクタンク研究員，官僚，NGI職員などの様々な経験，経歴と専門知識をもった人材が，「ルールメイキング人材」として，活動している。

　さらにコーポレート・アフェアーズのなかには，「社外広報」「エグゼクティブ・コミュニケーション」チーム，「戦略企画」チーム，ウォルマート財団のマネジメント部門が配置されている。

　ウォルマートは，1962年に創業者，サム・ウォルトンが「エブリデーロープライス」とわかりやすく表現された低価格戦略で飛躍的に成長したが，その圧倒的なる購買力で，低価格で競合を駆逐，取引先からは，徹底的なる搾取により成長した会社と多くの批判を受けた。

　このような批判を受けるなか，ウォルマートの経営陣は，2000年代半ば以降，「サステナビリティ」の切り口から，顧客，地域社会，地球環境全体への経済的繁栄や持続可能性を目指し，組織的かつ戦略的にルールメイキングに取り組むようになった。

　その主なる取り組みは，図4-2のようなものに代表されるが，サステナビリティ関連分野で多くのルールメイキングを行ってきた。

　ルールメイキングの戦略的考え方には，今後勃興してくる可能性の高い社会的課題・テーマをあらかじめ特定することにより，自社の強みを活かせる形で，自発的にルールを打ち出していくことで，ルール策定における議論や活動の推進の主導権を握りやすくするという考え方がある。ウォルマートは，10万を超

第4章　戦略実行力を高めるために求められる機能　*101*

年	ルールメイキングの取り組み
2005年	①ゼロウェイスト（ごみゼロ），②100％再生可能エネルギーによる店舗運営，③環境に対応した製品の販売，をサステナビリティの長期達成目標として掲げる
2006年	● 2013年までにサプライチェーン全体で容器包装を5％削減することを公約
2007年	● 米国内で販売するすべての液体洗剤を濃縮型に転換することを公約
2008年	● 2013年までに全世界でレジ袋の使用量を33％削減する方針を発表 ●「責任ある商品調達方針」を発表し，サプライチェーン全体での法令遵守，エネルギー効率向上などの取り組みを本格化
2009年	● サステナビリティ・コンソーシアム（TSC）を設立し，「サステナビリティ・インデックス」の開発方針を発表
2010年	● 2015年までにグローバル・サプライチェーン全体から排出される温室効果ガスを2,000万トン削減する目標を発表 ● 持続可能なパーム油の使用，アマゾンでの違法伐採への不関与，店舗での食品廃棄物の削減などを含む「持続可能な農業」プログラムを発表
2011年	●「女性所有企業」(注)からの調達拡大などを含む，「女性の経済的自立支援」プログラムを開始

図表4-2　ウォルマートのルールメイキングの取り組み

(注)「女性所有企業」とは，アメリカ国内で定義されているもので，「経営トップが女性」「株式の半分以上を女性が所有」という2つの条件を満たしている企業のことを指す。
(出所)「世界市場で勝つルールメイキング戦略」（朝日新聞出版）をもとに作成

　えるサプライヤーを有しており，自らがルールメイキングに携わることにより，デファクトスタンダードを作れるポジションにある。
　具体的事例としては，2010年にウォルマートが発表した「持続的農業」のプログラムがある。このプログラムは，伸びいく世界人口に対応し，農産物のサプライチェーンの拡大・強化に向けて，農業従事者の技術の向上，農家経営の安定化，農産物流通の効率化，食品廃棄削減を目指す取り組みである。それに加えて，①自主プライベート・ブランド製品に使用されるパーム油について，「持続可能なパーム油」への全面切り替え，②アマゾンの熱帯雨林の違法伐採によって作られた牧草地に由来する牛肉の取り扱いの取りやめの2点を「公約」としている。このプログラムは，2010年10月14日に発表されており，同じ

年の10月18日から29日まで名古屋で開催されたCOP 10（生物多様性条約第10回締結会議）において，全世界から集まったNGOリーダーなどCOP 10の活動とも関わりあいの深い有力団体を「持続的な農業」のプラニングの時点から巻き込むことにより，後追いではなく，自発的にルールメイキングすることを可能にしている。

③　乳酸菌飲料の認知度向上に成功したヤクルト

　ヤクルトは乳酸菌飲料の国際規格策定において，業界団体を通じて，乳製品の国際規格の策定を促し，海外における乳酸菌飲料の健康食品としての位置づけの獲得と，認知度向上を実現させている。

　具体的には自社の乳酸菌飲料「ヤクルト」について，シロタ菌が豊富に含まれ，腸内環境を整える健康飲料として，一般の清涼飲料との違いを定義した。さらに，その特性を際立たせるルールの形成として，国際政府間組織「コーデックス委員会」において，乳酸菌飲料を発酵乳規格の新カテゴリーとするように，全国発酵乳乳酸菌飲料協会を通じて働きかけを行った。

　これにより，国際食品規格の発酵乳のカテゴリーにおいて，発酵乳，濃縮発酵乳，フレーバード発酵乳に続き，乳酸菌飲料は4つ目のカテゴリーとして定義をされることとなった。

　こうして国際規格化されることで，乳酸菌飲料の健康食品としての位置づけを世界各国で確立していった。特にイタリアでは食品区分の変更により，税率が低減され，特性の訴求による認知度を獲得，さらには自社製品の売上増加を実現することができた。

④　中国において，インバーターの経済性・環境性能をロビイングしたダイキン

　ダイキンは，中国政府に対して，インバーターの経済性や環境性能の良さをロビイングした。その結果，中国政府がインバーターエアコンの推奨をし，結果としてダイキンのインバーターエアコンの売上は大きく成長した。

　ダイキンは中国メーカーである格力電器と共同で，中国政府に働きかけを行

い，エアコン省エネ基準の改正を促し，結果として，ダイキンのインバーターエアコンの売上は飛躍的に成長している。

また，欧州においては，ダイキンヨーロッパ社がEU・エコデザイン指令におけるエコ要件規定の改定において，インバーター技術を用いた空調機器の年間消費電力の測定結果を提供することで，より環境にやさしい技術が評価される季節ごとのエネルギー効率指標の導入を支援した。

具体的には，欧州委員会が，空調および扇風機に関するエコデザイン要件の決定に際し，インバーター技術を含めた技術比較を検討していた。そこでダイキンの欧州拠点，ダイキンヨーロッパ社は欧州委員会に対して，最大消費電力では差がなくとも，年間消費電力に歴然とした差が出る試験結果を提供した。その結果，欧州委員会では，最大エネルギー効率のみでは年間消費電力の差を比較できないとして，季節ごとのエネルギー効率性を示す指標を導入することとした。具体的には，エコデザイン指令を実施する欧州委員会規則として，エネルギー効率指標が導入された。

これにより，インバーター技術が進んだダイキンにとって，有利なルールメイキングがされたこととなり，同社の事業の成長に大きく寄与した。

ダイキンは，ルールメイキング活動を中国政府，欧州委員会に対するコンサルテーションと位置づけ，社内外のルールメイキングに係わる知見を結集し，ルールメイキングの初期段階から関与をし，適切なるタイミングで的確なインプットを提供することで，自社に有利なるルールの形成を行っている。

⑷　戦略実行力を高めるリスク管理とルールメイキング

戦略実行力を高めるために，日本企業はリスク管理とルールメイキングを強化することが必要である。こうした取り組みを具体化するために必要なリスク管理の強化として，①リスク統括体制の構築，②リスク管理プロセスの構築について述べる。

さらにルールメイキング機能の強化として，①ルールメイキング推進機能の

構築，②戦略的コミュニケーションの展開について述べていく。

①　リスク管理の強化

　リスクに対する準備としては，㋐リスク統括体制の構築，㋑リスク管理プロセスの構築を行うことが必要だ。

㋐　リスク統括体制の構築

　先述したように，現在のリスク管理部門はSOX法などコンプライアンス対応が中心であり，事業の中味まで踏み込んだ事業リスク管理を事業部門に任しているが，こうした体制では，拡大していく事業リスクを極小化することは難しい。そのため，事業リスクを統括する部門（事業リスク統括部門）をコーポレート側に設置し，そこが事業部門と一体となり，リスク管理を推進していくことが望ましい。

　また，事業リスクは製品を販売した段階だけでなく，オペレーションやサービスにおいても発生する。様々な段階で発生し得るリスクを事前に最小化するためには，大型プロジェクトのマネジメント経験を有する人材を登用することが望ましい。そのため，こうした経験者を社内で可視化し，大型でリスクが高いプロジェクトが発生，またリスクのモニタリング状況に応じてリスクが高まった場合に臨機応変に投入できる仕組みを構築していくことも必要となる。

㋑　リスク管理プロセスの構築
（i）　リスクマップの作成

　事業戦略を策定する際，それと同時にどのようなリスクが想定されるのかを棚卸しすることが必要だ。重電は建設などのインフラ関係の事業であれば，相手国政府の方針，法制度の改正，政治体制の変更など多くのリスクに直面する。大事なことは，ハイドロワンが行っているように，事業戦略策定と同時に想定されるリスクを棚卸し，リスクの発生可能性とインパクトの大きさで，マトリックス上においてリスクを俯瞰することが大事だ。そのうえで，発生可能性

が高く，インパクトが大きいリスクについては，最優先でリスクの対応策を検討し，リスクを統括する部門と事業部門が議論を繰り返し，対応策の検討，実施状況のモニタリングをすることが大事だ。

しかしながら，こうしたリスクマップを策定している企業は多いが，リスク管理の品質はなかなかあがらないのが，現在の日本企業の現実だ。これは，リスクマップを作ることが，目的化してしまっているからではないだろうか。

リスクマップは作ることが目的ではない。リスクマップはリスクを俯瞰し，経営陣，リスクを統括する部門と事業部門がリスクについての共通理解を情勢することにより，重要なリスクについて，その対応策を講じ，リスクを事前に低減していくことが目的である。

(ⅱ) 定期的リスクの見直しとリスク対応策の実施状況の確認

リスクマップは一度作ったら終わりではない。先述したように，リスクマップを作ることが目的化してしまうと，本来のリスク管理の目的はまったく達成できないこととなる。

事業開発を推進するためには定期的にリスクの見直しを進めることが必要である。事業環境の変化によって，取り巻くリスク環境も大きく変化する。大事なのはリスクを常に見直ししておくことである。事業開発で新しい事業，新しい市場環境など環境は変化していくため，それに応じて，定期的にリスクはマトリックス化し，見直すことが必要となる。

(ⅲ) リスク管理ノウハウの形式知化

大型プロジェクトなどの事業リスクについては，経験豊かな人材の持つリスク管理ノウハウの形式知化を進める。具体的には，プロジェクトを進めながらリスクマップを策定し，重点的に見るべきリスクについては，その対応策の明確化，担当者の割り当て，定期的レビューを繰り返す。

また，プロジェクト内でのリスクマップ自体を定期的に見直しながら，重点的に見るべきリスクの見直しを行っていく。こうした業務を経験豊かな人材と若手の優秀な人材がともに行っていくことで，経験豊かな人材の持つ経験知を暗黙知から形式知にしていかなければならない。

リスク管理についての知識やノウハウを組織としての対応を行っていくことにより，PDCAを繰り返しながら，形式知化していくことで，組織としての経験知として，高めていくことが可能となる。

熟練者が持つ知識やノウハウをリスクマップなどのツールを使いながら，PDCAを徹底させることで，複雑化するリスクを整理し，重点化する思考プロセスをドキュメントとして残すことができる。また，リスク管理のプロセスを経験豊かな人材とともに若手が行うことで，熟練者が持つノウハウを若手に移植されていくことが大事である。

このようにして，戦略実行力を高めていくために必要となる基盤として，リスク管理力を組織として高めていかなければならない。

② ルールメイキング機能の強化

日本企業が規制の後追いではなく，むしろ規制作りに対して，主導的立場をとっていくためには，企業内部に，ルールメイキングを主導していく機能を構築するとともに，戦略的に政府，官公庁，NGOに対するコミュニケーションを進めなければならない。以下，㋐ルールメイキング推進機能の構築，㋑戦略的コミュニケーションの展開について述べていく。

㋐ ルールメイキング機能の構築

先述したウォルマートでは，CEO直属でコーポレート・アフェアーズという組織が設けられている。このなかには，ルールメイキング戦略機能を担う「ガバメントリレーション」「通商政策」を担当する専門チームが設置されているほか，社会的課題について，同社主導で具体的なプログラムに落とし込む「サステナビリティ」の専門部隊もある。さらに，対外広報，社内コミュニケーションの企画・実行部門，CEO専属のエグゼクティブコミュニケーションチーム，世論調査に基づく戦略企画チーム，年間14億ドルにものぼる寄付予算を差配するウォルマート財団のマネジメント部門などもある。

また，これらの組織は，政策アナリスト，ロビイスト，議員秘書，弁護士，

シンクタンク研究員，官僚，NGO職員，スピーチライターなどの専門人材で構成されている。

ルールメイキングを推進する部門を持っている日本企業が現時点では少ない。また，何らかのルールメイキングの活動を行っていても，経営としての重要度が高くない，もしくは経営からの認知は低い状況だ。

日本企業においては，渉外部門がこれに近いのかもしれないが，渉外部門と大きく異なるのは，事業戦略，技術戦略とより深い連携をしないとルールメイキングはできない。

そのため，ルールメイキングは，渉外部門に任せておけばいいでのではなく，経営者が意識を変え，経営にとって重要なるインパクトを与えるものだという意識を持つことが大事だ。

そして，それを実行する組織的ケーパビリティを具備することが求められる。なぜならば，現在の渉外は省庁対応の窓口的な業務が多く，自社の事業戦略や技術戦略との連携が深くないことが多い。しかしながら，ルールメイキングは，事業戦略，技術戦略と密接に関連する。そのため，ルールメイキングを推進していくためには，事業部門，R&D部門との密接なる連携ができる組織体制作りが不可欠であるし，また，事業，技術，政策との連携ができる人材の育成を計画的に行っていくことが必要となる。しかしながら，この３つが深いレベルで理解できる人材を育てることも難しいため，事業戦略，R&D戦略がわかる人材を，ルールメイキングを推進する部門に配置するか，政策がわかる人材を事業部門，R&D部門に配置する，もしくは，事業部門，R&D部門，ルールメイキングを推進する部門が頻繁にコミュニケーションをとり，三位一体でのルールメイキングの実行体制を構築しなければならない。

日本企業においては，現在の渉外部門をもとにルールメイキングを推進する部門に機能向上を進めていき，事業部門，R&D部門との連携を密に推進していくことが現実的かと思われる。

(イ) 戦略的コミュニケーションの展開

　日本企業の中にも，昨今のSDGs（国連が定める持続的開発目標）への対応をはじめ，積極的に取り組む動きが見られるようになった。その背景の1つに，ESG（環境・社会・ガバナンス）投資の拡大がある。つまり環境規制などのルールにいかに積極的に対応するかが，安定的株主を獲得するうえで重要になっているからである。日本企業が，社会的課題の解決に向けた活動を戦略的に展開していくためには，専門の組織を構築するとともに，自社が解決していくべきテーマを具体化し，解決の方向性についての自社の立場や主張を明確にし，規格や規制作りの必要性を効果的に打ち出していくことが必要である。さらに，そうした立場・主張に対する認知・共感・賛同を獲得すべく，政治家，影響力のある人物（インフルエンサー），業界団体，NGOとのコミュニケーション，意見交換，個別交渉を推進していくことが重要である。

　日本企業の場合，こうした機能は渉外に設置されるイメージが強いが，大事なことは，何か状況の変化が起きてから情報収集をしにいくのではなく，今後の大きな市場環境の変化に対して，ルールメイキングに向けて自ら訴えかけていくなど能動的なアクションを迅速に展開することである。企業によってどこの部門に置くかは様々だろうが，日本のみならず，ベルギーやワシントンDCなど規格や規制作りに重要な拠点には人員を配置し，グローバルに連携しながら，環境や社会的課題の解決に訴求し，自社の事業機会を大きくしていくルールメイキング活動の推進が必要となっている。

　しかしながら，こうした活動は，自社がどのような社会的課題を解決したいのかといった長期ビジョンと，それに基づいたサステナビリティ経営についての目標の明確化など，外部に発信できる骨太なストーリーを構築しなければならない。

　オムロンは，サステナビリティ経営の推進を行っている。同社では，事業および，事業を支える機能部門において，ESGの観点からサステナビリティ目標を定めている。そしてこうした取り組みは，グローバルIR・コーポレートコミュニケーション本部から外部に発信されている。

同社はサステナビリティ方針を定め、長期ビジョン、長期経営計画と統合したサステナビリティ目標とKPIを設定している。そして、これらのサステナビリティ方針・目標・KPIとその進捗状況を統合レポートを含む様々な媒体で開示をし、ステークホルダーとの対話を強化している。

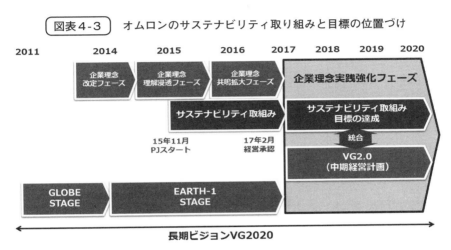

図表4-3　オムロンのサステナビリティ取り組みと目標の位置づけ

（出所）オムロンIR資料

図表4-4 オムロンの4つの注力事業ドメインとサステナビリティ目標

FA	注力4業界における i-Automation! を実現する新商品の創出 〜モノづくり革新の制御技術創出〜
ヘルスケア	血圧計販売台数：2,500万台／年 ネブライザ＋喘鳴測定器販売台数：765万台／年
モビリティ	安全運転支援システム・技術の創出 高度運転支援／自動車運転用の車両全周360°認識技術の創出 エコ製品搭載台数：1,000万台／年
エネルギー マネジメント	太陽光発電／蓄電システム累積出荷容量：11.2GW

（出所）オムロンIR資料

図表4-5 オムロンの機能面でのサステナビリティ目標

人材 マネジメント	企業理念実践に向けたTOGAの発展的継続 海外重要ポジションに占める現地化比率：3分の2（66％） エンゲージメントサーベイ実施によるPDCA加速 女性管理職比率（グループ国内）：8％
ものづくり	新規開発品の製品安全アセスメント実施率：100％ 環境貢献量＞生産拠点のCO_2排出量 電子体温計と電子血圧計等の普及による水銀削減：69トン／年 重要仕入れ先のサステナビリティセルフチェック：100％実施， 85点以上達成
リスク マネジメント	グループガバナンスの飛躍的な進化 ・オムロングループルールのグローバル全拠点浸透 ・倫理行動ルールのグローバル教育実施 ・新たな情報セキュリティ体制の構築

（出所）オムロンIR資料

そして，これらのサステナビリティ目標に対して，4つの重点事業ドメイン，それから人財マネジメント部門，ものづくり部門，リスクマネジメント部門がサステナビリティ目標を掲げ，その達成に向って，邁進している。

戦略実行力を高めるルールメイキングを行うためには，事業を通じて，どのような社会的課題を解決するのかを明確にし，それをサステナビリティ目標として明確にし，事業部門と本社部門が連携をし，その実現に邁進しなければならない。この骨太なストーリーと戦略的なコミュニケーションがあることが，ルールメイキングをしていくうえでは大前提となる。

過去，リスクや規制に対して後追いであった日本企業は，市場環境や規制が変わる都度，戦略実行力をスローダウンせざるを得なかった。しかしながら，こうした市場環境変化に対して，変化を先読みし，規制の策定に対して，主導的に動くことにより，戦略実行力を高めていくことができる。

[参考文献]
- 世界市場で勝つルールメイキング戦略（朝日新聞出版）國分俊史・福田峰之・角南篤編者（2016年）
- 経済産業省発表資料　企業戦略としてのルール形成に向けて（平成26年3月発表資料）

2 コーポレート本社機能の強化

Point ☞

戦略策定と戦略実行における本社の問題として，①事業部門の戦略のホッチキス止めに留まっている，②将来のポートフォリオを描いた戦略策定が弱い，③海外地域について肌感覚に乏しい，などがある。

こうした問題に対する参考事例として，GEのGGO機能，三菱電機の事業ポートフォリオ転換，日立製作所の事業構造の転換について述べる。

本社機能強化のためには，①グローバル本社とリージョン本社機能の構築，②メガトレンドから将来の事業ポートフォリオの構築，③社内リソースの棚卸しと強みの整理，④重点地域と地域戦略の策定，⑤戦略を実行できる組織機能のデザイン，が求められる。

---

(1) 戦略策定と戦略実行フォローにおけるコーポレート本社の問題

戦略策定と戦略実行における現状の本社の問題は，①事業部門の戦略のホッチキス止めに留まっている，②将来のポートフォリオを描いた戦略策定が弱い，③海外地域について肌感覚に乏しい，などがある。

① 事業部門の戦略のホッチキス止めに留まっている

戦略策定において，本社は事業部門に対するガイドの策定に留まり，事業戦略は事業部門が策定していることが多い。このため，本社はそれらを束ねることに留まってしまうことが多く，戦略策定において本社はどのようなイニシアティブを発揮するべきだろうか？ ということが疑問として残る。

例えば，事業部門は現業を行っていることから，目線が近くなりがちであるが，本社にはこうした事業部門の目線をあげ，将来どのような事業環境の変

化が起きるのかを描き出すことが必要だろう。第2章で述べたビジョンの策定，第3章における戦略策定におけるバックキャスティングなどの議論は，本社が強いイニシアティブを発揮しなければならない。

しかしながら，現状は，本社から将来のビジョンを明確に打ち出せていないため，どのような事業を実現したいのかという議論ができず，現状の事業からの積み上げにより事業計画を検討することになりがちだ。こうなると，戦略策定における本社の存在意義が問われることになる。その結果，現在，事業を行っている事業部門が中心となって事業戦略を策定し，本社はそれを束ねるだけの役割になりがちだ。これでは本社としてのイニシアティブを発揮していくことは難しいだろう。

② 将来のポートフォリオを描いた戦略策定が弱い

さらに，本社は将来の事業ポートフォリオを描き出さなければならない。例えば，自動車業界においては，EV化が進むなか，多くの部品産業は市場そのものが大きく減少していく。もちろん，タイヤなどEV化しても市場が残るものもあるが，電気自動車になれば，電池，モーター，インバーターなどが主要になり，これらに置き換えられる部品点数の大幅なる減少は必至だ。日本部品工業会によると1年間で3兆円程度の売上が減少してしまうことになる。

こうした業界構造の大きな変化が多くの業界で現れてきている。こうした動きは，自動車業界で特に顕著であるが，他の業界においても産業構造改革が進んでいる。例えば，重電業界では，過去は電力会社が大型のガスタービンを購入することにより事業が成り立っていたが，昨今は太陽光エネルギー，風力など再生エネルギーなど電力構成が大きく変化し，また需要家が分散電源で小型のガスエンジンを常用発電のために導入するなど市場環境も大きく変化している。こうした環境の変化において考えなければならないのは，大型ガスタービンの事業をどう伸ばすかではなく，現在から将来にかけて起きていく市場の変化，顧客の変化に対して，どのような事業を行うべきかを描き出すことだろう。つまり，将来の事業ポートフォリオの議論を行っていくことが必要だ。こうし

た議論において，本社が果たすべき役割は大きい。

③　海外地域の事業における肌感覚に乏しい

　事業がグローバルに広がっている昨今，本社から見えている事業の範囲はもはや狭いものになっている。本社は海外の市場環境，事業の展開状況について，又聞き状態となり，市場環境の変化を敏感に感じることができる環境にはない。本来，本社は，事業部門が見る現地の市場環境のみならず，地域の市場環境に対する見立てを明確にもたなければならない。しかしながら，本社が地域の市場環境を出張により把握しようとしても，それによって理解できる市場環境の変化は限定的だ。そのため，グローバル戦略をたてる見立ては事業部門が検討した結果に基づいたものになる。その結果，地域の戦略は市場環境の変化や，将来起こるだろう大きな市場環境の変化にまで踏み込めていないことが多い。さらに，重点地域を定め，どのような事業で成長させていくべきかまでは踏み込めていないことも多い。

⑵　先行事例

　こうした問題に対して，参考になる事例としては，事業ポートフォリオを大きく転換した三菱電機，成長戦略実現に向けて大きく事業の構造転換を進める日立製作所，GEが推進するGlobal Growth & Operations（GGO）機能としてのコーポレート本社のあり方の変化について述べていきたい。

①　事業ポートフォリオを大きく転換した三菱電機

　三菱電機は，携帯電話などの事業からの撤退を行い，選択と集中を行うことにより，カーマルチメディア事業，FAシステム事業などに対してリソースを集中投下することにより，強い事業を育てている。同社では「強い事業をより強く」という方針を昔から貫いている。そのためには，強い事業に対する人やカネの投資が必要となるため，"集中"をした結果として，弱い事業の淘汰を

行っている。

具体的事例として，撤退した携帯電話事業の人材を移すことで，カーナビゲーション事業を強くした。強くしたいカーナビゲーション事業があり，そのために携帯電話事業からのリソースをカーナビゲーション事業に異動し，強化を実現した。結果，携帯電話で培った通信技術と表示技術をそれらを必要としているカーナビゲーションシステム事業に投入し，事業成長を実現することができた。

このような事業ポートフォリオの転換において，三菱電機の本社は，自社がグローバル競争に打ち勝っていくべき事業を経営陣とともに明確にし，その事業が品質，納期，コストなどにおいて競争に打ち勝っていけるのかを常に確認している。

こうして，強化すべき事業を明確に定め，そのうえで本社の人事部門は，必要となる人材リソースを明確にすると同時に，携帯電話のように自社のみで継続しても厳しい事業のリソースの棚卸しを行い，強化したい事業への人材のシフトを推進した。この過程で，事業が保有する人材のスキルの棚卸しをし整理をすることで，事業ポートフォリオの見直しにおける人材のリソースシフトを行うことを実現した。こうした本社の事業ポートフォリオ策定機能，そして人材リソースの棚卸しと再配分機能があったからこそ，三菱電機の事業ポートフォリオ転換は実現できた。

②　成長戦略実現に向けて大きく事業の構造転換を進める日立製作所

日立製作所は，社会イノベーション事業に注力することを方針とし「IT と社会インフラの融合による新事業の創造」という明確なビジョンをもって構造改革を進めている。

同社は，1990 年代後半以降，日本経済の停滞とともに低水準の利益と赤字を交互に繰り返し，リーマンショック直後の 2009 年 3 月期には最終損益が製造業最大の7,873億円の赤字となった。この経営危機に直面した当時の川村社長は，思い切った経営改革を断行し，社会イノベーション事業に集中するため

の「構造改革」を進めた。具体的には，日立プラズマディスプレイ宮崎工場の売却，テレビ事業の事実上の撤退，5つの上場子会社（日立マクセル，日立プラントテクノロジー，日立情報システムズ，日立ソフトウェアエンジニアリング，日立システムアンドサービス）の完全子会社化，ハードディスクドライブ事業の売却などを行った。

また，コア事業であっても単独での成長が難しいと判断した事業については，抜本的強化のための構造改革を行った。具体的には，火力発電において，グローバルトップをめざすため三菱重工業との事業統合を行った。新会社の出資比率は三菱重工業が65％，日立製作所が35％となり日立の持分法適用会社となったが，自前のみで事業を続けるより，三菱重工業と火力発電事業を統合することにより，GE，シーメンスと伍して戦える勢力を形成することを戦略として選んだ。日立はこのようにリーマンショック後，大きく事業を構造転換することにより，社会インフラをコア事業として大きく事業を強化している。

さらに，日立製作所はサービス事業の比率を高めるために2016年4月から大きな組織再編を行った。

顧客との「協創」を加速するフロント機能を強化する事業体制を構築するため，製品軸でのカンパニーを再編し，「フロントビジネスユニット」「サービス＆プラットフォームビジネスユニット」「プロダクトビジネスユニット」の3つを構築した。

「フロントビジネスユニット」は，顧客のそばで顧客のニーズを分析し，サービス事業を中心として事業提供する。「サービス＆プラットフォームビジネスユニット」は，社内各部門に分散していたAI，アナリティックス，セキュリティ，ロボティックス，制御技術をはじめとした高度なサービス事業を提供するために必要不可欠であるテクノロジーを束ねる。「プロダクトビジネスユニット」は，グローバルに競争力のある強い製品や，部品，材料などを顧客やフロントビジネスユニットに提供する。

図表4-6　2016年4月の日立製作所組織再編

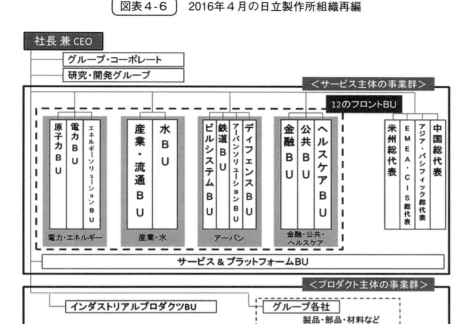

（出所）日立製作所発表資料

　このようなビジネスユニットの再編は、日立が顧客への提供価値を製品からオペレーションや保守サービスなどの日立がICT技術を生かし、AIやビッグデータ解析を生かした新たなる付加価値を提供するため、フロントビジネスユニットを業界別に再編することで、顧客の業務を理解し、製品中心ではなく、プロセス価値(注1)を顧客に提供することを目指している。また、そのため、AIやロボティックス、分析技術など日立が持つICTの技術を集結し、サービス＆プラットフォームビジネスユニットに束ねている。日立がこのような大きな組織の再編をしたことは、日立がプロセス価値を強化するために必要なことは、①顧客の業務の理解、②社内に拡散しているICT技術の集結、が必要と考えたことに由来している。

このように，日立は戦略実行力を高めるため，同社の本社は経営者を支え大胆なる事業ポートフォリオの転換を進めるための意思決定を支援している。日立が多くの事業から撤退することができたのは，本社経営企画や人事部門が撤退候補事業について，それらの事業がどのような人材リソースを保有しているか，どのような技術的強みがあるかの棚卸しを行い，どのリソースは残すべきかを明確に判断できるようにしていたことが経営者の意思決定を後押しした。さらに，社会インフラ事業を伸ばすため，大胆なる他社との提携を推進した。

　日立の電力事業は日立市海岸工場で事業を営み，創業時代から日立のものづくりを支えてきた事業である。その事業をライバルであった三菱重工業と統合する決定は，経営企画や人事など本社が事業部門と議論を尽くし，事業準備を推進することで，現場の動揺を抑え，統合によりGE，シーメンスなど世界と戦うという意識の醸成を推進したから実現できた。

　また，日立製作所本社は，社会インフラ事業の収益性を確立していくために，同社が持つICTの技術を最大限に発揮し，ビッグデータの分析などにより，顧客の囲い込みを実現しようとしている。そのため，戦略に基づき，実現したいビジネスモデルを遂行するために相応しい組織のあり方を検討し，意思決定を推進した。そして，組織体制決定後は，本社の人事部門は社会インフラ事業を伸ばしていくために，必要となるリソースの育成と獲得を推進している。具体的には，フロントBUにおいて，2018年度までに2万人の人員増強を図り，海外1万7,000人，国内3,000人の増強を計画し，推進している。これによりフロントBUの合計を13万人にしようとしている。こうした事業の構造改革を推進するため，本社は人事部門を中心に，グローバル人材の雇用拡大，3年間で1万9,000人を対象とした特別研修プログラムによる人材育成に取り組むことで，日立の社員のマインドセット改革を推進している。

（注1）　プロセス価値
　　製品を供給するだけではなく，顧客の資産を最適化，運用を支援するなどの顧客の業務プロセス構築を支援する価値を本書ではプロセス価値と呼ぶ。

③　GEが推進するGGO機能

　GEは，グローバル戦略において，重点的に展開すべき新興国として，ラテンアメリカ，中国，オーストラリア&ニュージーランド，中東・北アフリカ・トルコ，アフリカサブサハラ地域（サハラ砂漠以南地域）を位置づけているが，それら地域を重点的に攻略するために，現地ニーズを分析したうえで，エネルギー（ガスタービン），ヘルスケア，ロコモティブ（交通システム），航空など各事業での事業機会を抽出し，事業部門を引っ張りながら推進している。

　GEは2012年，本社機能として，このような新興国での成長を促進するため，Global Growth & Operations（GGO）という組織を立ち上げ，世界120カ国に展開しながらも，各拠点では，最適なビジネスのやり方を確立しようとしている。

　日本企業にも本社機能の出先を各地域統括拠点においていることも多いが，GEの強力なる推進力はトップ自らが現地に近いところで，地域に軸足を置いた戦略の構築と推進を行っていることに起因している。これにより，事業のグローバル展開とローカル展開のバランスを取っているのである。例えばGGOは，自らが潤滑油となって事業部門間での連携を促進し，顧客が求めるスピード感で現地ニーズに即した対応を行っている。

　GGOは同社の副会長であるジョンライスが率いている組織であり，本部を香港に配置している。CEOのイメルトに準じて，GEの経営をリードしているジョンライスが本社の米国ではなく，今後成長著しいアジアの香港にGGOの本部を設置し，新興国市場での成長シナリオを自ら陣頭指揮をとり，新興国に近いところで強力なるリーダーシップを発揮していることが特筆される。また，GGOはGEの各事業部門の人員で構成されているが，加えて，新興国地域の政府に強いコネクションを保有する人材などを採用するなど，現地政府への案件体制を強化している。

　より地域に密着した形で現地ニーズに合致した商品を提供できるように，サプライチェーンの現地化も並行して進めている。例えばベトナムでは，同社は

2009年にハイフォンに進出したが，同地において風力発電用タービンを現地生産できる体制を構築している。

このような体制はコーポレート本社機能をグローバルに強めることに大きく寄与している。つまり，本社として，全社の戦略を策定し，推進するため，各事業部門のグローバル戦略のみならず，地域ニーズを起点とした戦略策定を行うことは，本社機能の戦略策定機能を大いに高めており，ナイジェリアやベトナムなどにおいては現地政府にGGOが深く食い込んだことにより，ナイジェリアにおいては，発電所建設計画への投資と参画，ベトナムにおいては，2025年までに出力1,000mw以上を目指した風力発電事業を現地商工省と覚書を交わしたうえで推進しているなど，大きな成果を獲得している。

⑶　本社機能強化のために何をすべきか？

本社機能強化のために行うべきことは

①　グローバル本社とリージョン本社の機能の構築

②　メガトレンドから将来の事業ポートフォリオの構築

③　社内リソースの棚卸しと強みの整理

④　重点地域と地域戦略の策定

⑤　戦略を実行できる組織機能のデザイン

が求められる。

①　グローバル本社機能の構築とリージョン本社機能の構築

まず，コーポレート本社機能を定義することが必要だ。企業の事業活動がグローバル規模になっている現在にあっては，戦略策定，実行をフォローしていくコーポレート本社の機能もグローバル規模で考える必要がある。その際，グローバル本社機能と，地域統括機能で推進すべきリージョナル本社機能の構築が必要となる。

グローバル本社は，10年程度先の長期のビジョンを策定し，メガトレンドを

策定することが求められる。そして，事業ポートフォリオを描き出すことが必要だろう。

それに加えて，リージョナル本社の構築が必要となる。例えば，複数の事業を推進している電機，重電，化学産業などにおいては，地域の市場環境にあわせて，地域の戦略を策定することが求められる。つまり，それぞれの事業に対して個別に地域での戦略を考えるのではなく，地域を軸に考えたとき，その地域で事業機会をいかに最大化するかという戦略を立案することが必要になっている。重電業界であれば，地域により市場環境は大きく異なる。

ASEANにおいては，日本から近いこともあり，多くの日本企業が力をいれているがその地域戦略策定は困難を極めることが多い。なぜならば，国によりマスタープラン，政治環境，経済の成熟度，宗教など市場環境が大きく異なっている。こうした環境下にいて，地域統括は地域での各国の事情を理解し，国のマスタープランを理解したうえで，その国のインフラ構築のニーズを理解し，現地政府や財閥などパートナー候補企業との関係構築を行い，各事業部門に対して，どのような事業機会があるかを明示していくことが必要だ。

重電業界は受注品を中心に事業展開していることもあり，現地に根ざしたマーケティング活動は行えていないことも多い。そのため，それぞれの国のニーズ変化，事業機会を見極めることはできておらず，インフラに関する需要が顕在化してから，営業活動を開始することも多い。しかしながら，この段階ではGEやシーメンスなどの他社が描き出したRFP（提案要求）に基づいて戦うに近く，不利な競争環境で戦うことになる。こうした状況を打破していくためにも，グローバル本社，リージョン本社が連携した形で，地域ニーズに根ざした地域戦略の策定を行う意義は大きくなっている。

まず，地域統括内にリージョン本社機能として，地域市場への調査機能を構築し，地域内各国の市場環境の調査を行い，各事業部門に対して，報告する会議体などの機能を設計すべきだ。そのうえ，事業部門が判断をし，重点地域を決めて地域にリソースを張っていくなどを行えるようにするべきである。日本企業の場合，GEのGGOのように本社主導での地域への投資など大胆な意思決

定を推進する体制をすぐに整えることは難しい。あくまでも事業を推進するのは事業部門であるため，本社はリージョン本社機能を生かし，地域でのニーズ把握を行い，グローバル本社はそれを束ねる形で，事業部門に対してリソースを張っていくべき地域に関する提言を行うことが求められる。

② メガトレンドから将来の事業ポートフォリオの構築

グローバル本社が行うべきことは，メガトレンドを策定し，将来に向けた事業ポートフォリオの転換を考えることだ。メガトレンドを策定したら，将来の事業構造の転換，事業ポートフォリオを描き出し，事業構造を転換していくことが必要だ。事業部門が策定する戦略は目先の目線での戦略策定になりがちだが，大きな構造転換を迎える業界などにおいては特に，将来の事業構造の変化を見越し，将来の変化を見据えた事業構造転換を進めなければならない。

例えば，自動車部品のメーカーであれば，EVが普及する時代に向けた電池関連，モーター，タイヤプレッシャーモニタリングセンサーなどEV後も成長していく部品産業を見据え，こうした領域でのプレイヤとのアライアンスなどを検討することも必要だ。重電メーカーであれば，これまでのようなコンベンショナルなガスタービンではなく，成長する分散電源，もしくは太陽光発電，風力発電などの再生エネルギーの活用も含めた需要家への提案ができるような事業構造を作っていくことが必要だ。

本社はこのように将来起きる市場環境の変化を見越し，そのときに備えて必要となる技術，顧客基盤などの獲得方法なども検討しなければならない。そのためには，メガトレンドを本社主導で描き出し，メガトレンドの自社にとっての意味，事業機会を抽出したうえで，その事業機会を実現していくために必要となるリソースがあれば獲得方法も含め，本社がイニシアティブをとり，検討を進めることが必要だろう。

③ 社内リソースの棚卸しと強みの整理

グローバル本社は，メガトレンドに基づく事業ポートフォリオを実現するた

めに，リソースの再配分を推進しなければならない。しかしながら，既存事業がリソースを放さないため，リソースの再配置ができないことも多い。そのため，グローバル本社はどの事業部門にどのような人材がいて，どのような事業やプロジェクトの経験，どのような技術を保有しているかといったことを棚卸ししておくことが大事だ。例えば，三菱電機が行ったように，社内人材の棚卸しをし，保有技術やどのような事業や業務経験を持っているかを把握することにより，事業の撤退に伴うリソースの配置転換を行うことができる。

　日本企業の多くが，事業からの撤退，強化事業への人材リソースの配置転換を行いたくとも進まないのは，事業内にどのような人材がいるのかの把握が弱いことに起因していることが多い。強化したい事業で，必要となる人材像が明確になっており，求められる人材像，強化事業で求められる役割，それによりどのように育成できるのかを明確に描ければ，事業ポートフォリオの転換を進める糸口は掴みやすくなるはずだ。

④　重点地域と地域戦略の策定

　グローバル本社は，地域のポートフォリオを策定しなければならない。まず，グローバル本社はリージョン本社の調査機能からあがってきた情報をもとに，最も自社にとって事業機会が大きく，勝てる市場にフォーカスをし，重点地域を定めるべきだ。しかしながら，重点地域を定めても，事業部門が地域戦略を考えると，どうしても事業部門の製品事業としての視点でのみ考えるため，地域ニーズに対する切り口が弱くなってしまう。地域を切り口にし，地域ニーズに深く刺さる提案をしていくためには，地域統括がリージョナル本社として，現地におけるニーズ，政府との関係作りを中長期の視点で推進し，現地財閥など有望となる販売パートナーとの関係作りを推進しなければならない。もちろん，各事業部門はそれぞれの製品事業の観点から，販売活動を推進するも，リージョナル本社は中長期視点に立ち，現地でのガバメントリレーション，ブランディング，マーケティング活動を推進することが必要だ。

　リージョナル本社である地域統括がこうした活動をリードしていくため，特

定製品や事業部ではなく，地域起点での事業機会を見い出す部門を設け，地域戦略会議のような会議を開催することもやり方の１つだ。例えば，ASEANであれば各国のマスタープラン，政府高官との人間関係などを整理したうえで，事業部門トップを集め，地域戦略を策定することが必要だ。

その際，事業部門は地域での事業機会を聞いたうえで，どの地域にリソースを投入していくのかを決定し，グローバル本社，リージョナル本社との協議のうえ，地域戦略を立案していくことが大事だ。また，こうした活動を継続していった結果，中長期でリソースを投入していくべき地域が決まったら，その地域に対しての中長期のシナリオを構築しなければならない。

⑤　戦略を実行できる組織機能のデザイン

最後に，グローバル本社は策定した戦略を実行できる組織を設計しなければならない。例えば，日立製作所はビッグデータやAIを活用したデータ分析やLUMADA(注2)を核としたデータ分析に基づくサービス事業を強化していくため，大胆なる事業構造改革を推進している。

こうした事業の構造改革，それを推進するための組織の再編はグローバル本社がイニシアティブを発揮してこそ実現するものだ。その際，必要になるのが，組織機能のデザイン力だ。

つまり，戦略実行力を高めていくためには，戦略を実現するための組織再編を行うことも必要だろう。例えば日立製作所が行ったように，製品起点ではなく，顧客起点での事業展開を行うために大胆なる組織再編を行うことも本社だからこそできることである。

また，こうした組織機能のデザインを実現していくためには，本社は常日頃から，戦略を実行するためにどのような人材リソースが必要になり，さらに社内のどこにその候補となる人材はいるのかということを把握することに努めなければならないだろう。また，社内に必要な人材リソースがいない場合は，社外からの獲得方法も含め，検討していかなければならない。

本社がこのようにグローバル，リージョン本社としての機能を連携させ，地

域に根ざした戦略策定を行うと同時に，メガトレンドに基づいた事業ポートフォリオの転換と，それを着実に実現していくための組織機能のデザインと構造改革にイニシアティブを発揮することにより，日本企業の戦略実行力を高めていくことを切に願う。

(注2) LUMADA
　日立製作所のIoTプラットフォーム。バリューチェーンをつなぎ経営課題を解決するためのプラットフォーム。

3 戦略コミュニケーションの向上

> **Point** ☞
>
> 　日本企業はビジョンから戦略を策定すると同時にその戦略を外部，内部のステークホルダーに正しく認識してもらうことが必要となる。しかしながら，こうした対応が十分ではない企業の例も多く見受けられる。
>
> 　こうしたコミュニケーションを実現できている先行事例として，①大きく事業構造を変革し，従業員への腹落ち感覚を醸成したデュポン，②地域社会と一体で事業を行うリコー，③横断的施策としてのステークホルダーミーティングを開催するトヨタ自動車を紹介したい。
>
> 　戦略コミュニケーション強化のために，1）各種ステークホルダーとのコミュニケーションの強化，2）横断的施策としてのステークホルダーミーティングの開催についても述べる。

(1)　戦略コミュニケーションにおける問題点

　日本企業はビジョンから戦略を策定すると同時にその戦略を外部，内部のステークホルダーに正しく認識してもらうことが必要となる。なぜなら，社外から戦略に対する理解が正しくされないと，投資家から評価されず，長い目線で投資を引き込むことはできない。また，内部のステークホルダーが戦略を理解しなければ，そもそも戦略の実行そのものが危ぶまれる。

　つまり，戦略を策定すると同時にそれを内外のステークホルダーにいかにわかりやすく伝えることができるかが大事である。例えば，長期ビジョン，それを実現するための中期経営計画を策定したら，それらを丁寧に投資家，顧客，社員などのステークホルダーに説明していくことが必要だろう。

　しかしながら，こうした対応が十分ではない企業の例も多く見受けられる。どのようなメガトレンドに着目し，自社のどのような強みを活用し，そのメガ

トレンドを事業機会にしようとしているかの説明が十分に行われていないため，社内外に戦略が十分に浸透していないケースも多々ある。投資家やマスコミなど外部に対して戦略コミュニケーションを行うことは，最終的に外部からのインプットにより，社員が中長期にどのような方向性への転換を狙っているのか，自社の変革の方向性について自覚することにつながる。こうしたインプットは非常に重要である。

そのため，戦略実行力を高めていくためには，ステークホルダーへの戦略コミュニケーション力を高めていく必要がある。ここでは，特に従業員，投資家・債権者，仕入先などパートナー企業，顧客，地域社会・行政機関に対するコミュニケーションについて課題を述べたい。

① 従業員とのコミュニケーション

従業員への戦略コミュニケーション上において生じている問題として，戦略に対する腹落ち感覚が十分に醸成されていないことが多く見受けられる。過去からの延長線上での戦略を推進していくうえにおいては戦略を伝えていくことは難しくない。しかしながら，メガトレンドから大きな事業構造の変化を起こそうとしている場合，それを従業員に理解してもらい，腹落ちをして戦略を推進することは大変難しい。時折見られる問題点は，こうした将来の市場環境の変化に対して従業員が十分に理解できていないことだ。こうした状態で戦略を推進しても，それは実行力を伴わないものとなるだろう。

また，日本企業の活動がグローバルになり，買収に伴うアライアンスを推進することも増えている。この際見られるのが，被買収企業との戦略コミュニケーションの問題だ。つまり買収された企業の従業員のみならず幹部社員までもが戦略に対する理解が乏しいことがある。これは日本企業が立案している戦略が，どのような姿になりたいのかというビジョンに乏しく，結果的に聞いた側が魅力に感じないという戦略そのものにおける問題も多い。しかし，ビジョンとそれに基づく戦略を相手に伝えるための活動が十分に行われていないという戦略コミュニケーション上の問題も多いと思われる。

② 投資家・債権者とのコミュニケーション

　時代が変化していくなかで，自社がどのようなメガトレンドに着目しているのか，そしてそこにどのような事業機会を見い出し，どのような提供価値を実現しようとしているのかはじっくりと腰を据えて説明をしていくことが必要だ。しかしながら，投資家にはすぐに利益につながる話が好まれる。このため，四半期決算などで目まぐるしく変化する市場環境に応じて，業績報告など短期目線での投資家コミュニケーションに終始しがちになる。その結果，企業として一貫して腰を据えて伸ばしていきたい事業，実現したいビジョンが明確に投資家に伝わっていないことも多い。中長期のビジョンは相当腰を据えた説明をじっくりしていかないと理解してもらうことが難しい。

③ 仕入先などパートナー企業とのコミュニケーション

　メガトレンドにより策定されたビジョンに基づき戦略を構築すると，その事業戦略は現在の延長線上でないことも多い。それに伴い，業界構造が大きく変化する場合，仕入先のサプライヤー構造そのものが大きく変容してしまうケースもある。しかし，戦略を実現するために必要となるパートナー候補企業すら明確になっていない，もしくはそれが明確になっていても，何を一緒に実現していきたいのかが明確に伝わっていないことも多い。

④ 顧客とのコミュニケーション

　顧客への戦略コミュニケーションをいかに推進するかも重要である。しかしながら，多くの顧客との接点は営業であるため，現状の製品販売に関連するコミュニケーションは行われるが，戦略として何を目指しているかというコミュニケーションは弱くなりがちだ。多くの場合は顧客に対するコミュニケーションは製品についてのコミュニケーションになっている場合が多い。

⑤ 地域社会・行政機関とのコミュニケーション

地域社会へは社会への貢献を通じて事業価値を実現するCSV的な視点が事業戦略上，重要になってきている。例えば，自社がメガトレンドから社会的課題に着目し，その解決を図ろうとしているのであれば，地域社会や政府にしっかりと理解を深めてもらうことが必要だろう。事業活動がグローバルになっている昨今とあっては，日本国内の官公庁，地方政府のみならず，市場開拓をしていく必要がある新興国政府などに対して，どのようなメガトレンドに着目し，どのような社会的課題を解決しようとしているのかを明確に伝えていくことが必要だ。しかしながら，現状は，政府，地域社会に対して，自社がどのような社会的課題を解決しようとしているかを十分なコミュニケーションをできている場合は少ない。

⑵ 先行事例

先行事例には，①大きく事業構造を変革し，従業員への腹落ち感覚を醸成したデュポン，②地域社会と一体で事業を行うリコー，③横断的施策としてのステークホルダーミーティングを開催するトヨタ自動車について述べる。

① 大きく事業構造を変革し，従業員への腹落ち感覚を醸成したデュポン

㈠ デュポンの事業構造変革

デュポンは1802年火薬事業で創業した。創業200年を超え，企業として3世紀目を迎えている。デュポンは，自社の事業に直結する4つのメガトレンドとして，「食糧増産の需要」「脱化石燃料」「安全なくらし」「新興市場の増大」を重視している。事業領域のなかでも特に農業に非常に関心を持っており，化学とバイオ技術を組み合わせた新しい農業関連分野を経営陣は将来あるべき事業の姿として描き出している。さらに，デュポンは，ダウケミカルとの統合による規模拡大と寡占化でさらなる事業強化を図る。

こうした背景には，地球では人口が増え続け，2050年までに世界人口が90億人に膨れ上がると予想し，増え続ける人口にどう食糧を供給するかを社会的課題として捉えていることがある。さらに，増大する人口に伴い，輸送手段も必要となり，それにはより多くのエネルギーが消費され，環境対応，安全への要求も高まると事業環境の変化を捉えていった。また，産業化によってもたらされる気候変動に伴い，世界的な資源逼迫が訪れ，エネルギー消費を抑制するために素材の軽量化や先端材料の分野でデュポンが重要な役割を果たすことを戦略として描き出している。

このようにして，21世紀に拡大が見込める新たな分野として，農業，エネルギー，バイオ素材という産業分野に戦略的な成長領域を求め，バイオサイエンスによる循環化学産業を構築することを目指している。そして，こうした経営の決断に基づき，コノコ（石油会社）を売却し，そこで得た資金を種子ビジネスやバイオ技術に投資していった。

こうしたメガトレンドの把握から，デュポンは世界中の農業の生産性を向上して食糧危機に対処するとともに，農作物の茎や葉のような非食用部分を原料として，バイオエタノールのようなエネルギーを生産し，さらにバイオ素材を提供している。デュポンの工業バイオテクノロジーは，家畜用飼料向け栄養材料，食品，洗剤，繊維，カーペット，パーソナルケア，バイオ燃料などの市場に対応した事業展開を実現している。

(イ)　戦略の従業員への腹落ち感覚の醸成

このようにデュポンでは，メガトレンドをもとにデュポンの方向性を明確にし，さらに，多くの従業員が目的意識を持ち，企業として戦略の実効性が高まることを重視している。つまり，デュポンは，このメガトレンドをマネジメント層だけに留めることなく，世界中の従業員に浸透させることを続けている。経営者自らが着目するメガトレンドとそれに伴うデュポンの事業の方向性を語りかけることで，時間とコストをかけても世界各地で丁寧なる説明を繰り返し，全社の意識統一を図っている。

第4章　戦略実行力を高めるために求められる機能　*131*

　デュポンの将来を左右するメガトレンドは，研究所や外部有識者を巻き込み，長い時間をかけて継続的な検討をすると同時に，メガトレンドをマネジメント人材に留めるのみならず，世界中の従業員に各地域でのトップマネジメントからのコミュニケーションにより，浸透させている。さらに，メガトレンドを策定することにより，将来のビジネスチャンスを見極め，投資を積極的に行っていくべき新事業領域を見い出し，買収により必要となる技術等の経営資源の獲得や研究開発費の重点的傾斜配分を行っている。

　こうしたことは将来考えられる変化に対して，経営陣がアンテナを高くかかげ，感度を高く保ちながら，将来予測される変化を先取りする形で事業機会を見い出し，経営者から戦略を理解し，現場と市場の現状を理解している中間管理職から従業員へ浸透させることで，従事業環境認識に対する理解の醸成と戦略実効性を高めているといえる。当社のトップマネジメントは，組織が下降傾向のときにどのように持ち上げるか，さらに中間管理職は，グローバル視点を持ち，現場と市場を理解し，戦略を浸透させるコミュニケーションに重きをおき，人を育てている。

　その結果，デュポンは策定したメガトレンドに対応した形で，戦略を着実に実行しており，農業，栄養，インダストリアルバイオサイエンス，最先端素材などにおいて，着実なる事業開発を実現している。

㈡　デュポンからの示唆

　デュポンは，大きな事業構造の変革の推進をし，事業ポートフォリオを大きく改革することに伴い，従業員に対して，世界各地で丁寧なる説明をすることにより，従業員に対する納得感の醸成と意識統一を行っている。

　トップマネジメントからの戦略が浸透するように，戦略のコミュニケーション力が高く，市場と現場を理解できる中間管理職を育成することで，戦略の浸透を実現していることに大きな示唆がある。

② トヨタのステークホルダーミーティング

㋐ ステークホールダーミーティングの開催

　トヨタ自動車は2016年11月，愛知県豊田市の本社で「トヨタステークホルダーミーティング2016」を開いている。戦略コミュニケーションの対象者，招待者は，販売店や部品メーカー，個人投資家，地元の学生らであり，自動車など移動手段の将来像などについて披露している。これまで個人投資家向け，地元の行政向けなど個別の交流会はあったが，幅広い利害関係者が一堂に会する取り組みは初めてであった。

　自動車はIT（情報技術）との融合で社会システムと結びつきが強まっているため，市場環境の変化，トヨタが考える事業の方向性などについて，利害関係者の対話を強化している。

　2016年のステークホルダーミーティングでは，約2,500人が参加し，豊田章男社長や，人工知能（AI）の第一人者で米シリコンバレーの研究組織のトップを務めるギル・プラット氏らが出席している。また，講演のほか，テストコースでのトヨタ車の試乗会の実施を行っている。このステークホルダーミーティングは，豊田章男社長の強い思いで実現しており，激変する市場環境，そのなかでトヨタが目指す事業の方向性を社長自らがステージのうえに立ち，ステークホルダーと接することで自ら伝えようというトップの強い思いをもって推進されている。また，従業員に対しては，こうした活動を通じて，「バッターボックスに立つ」，つまり，難しい環境に対して挑戦していく企業姿勢を浸透させている。

　自動車業界は，自動運転，AIなどの技術の進展により，大きな変化に直面している。こうした環境下において，トヨタ自動車は，地域社会の理解や社会システムとの連携により重きを置いている。

　その結果，地域社会，学生，協力会社がトヨタの目指す事業の姿に対する理解を深める効果が生じている。その結果，トヨタのファンが増えており，大きな成果をあげている。

第4章　戦略実行力を高めるために求められる機能　*133*

㈠　トヨタからの示唆

　トヨタからの示唆は，豊田章男社長自らが推進していることによるファン作りであろう。自動車業界は自動運転，シェアリングエコノミー，EV化といった大きな市場環境の変化に直面している。こうした市場環境の変化に対して，トヨタがどのような事業を実現しようとしているか，トップ自らが各種ステークホルダーを集め，自ら発信し続けることは，トヨタを理解し，ファンになってくれる人々の数を着実に増やしている。

③　地域社会と一体で事業するリコー

㈠　リコーの環境経営

　リコーは，メガトレンドとして環境課題にどのように取り組むかということを，自社が取り組まなければいけない社会課題として捉えている。同社はメガトレンドとして社会的課題の解決をすることを目指している。特にリコーが着目しているのは環境問題である。同社の環境経営は歴史が長く，桜井社長（1996年〜2007年）時代からの取り組みである。同社は1996年に社長就任した桜井正光氏が環境経営を唱え，当時導入したバランススコアカードにおいても，顧客の視点，財務の視点，業務プロセスの視点，学習と成長の視点に加え，環境の視点を加えて，環境に起点をおいた経営を推進してきた。

　さらに，1992年に環境綱領を制定し，基本方針として，環境保全を経営活動と同軸であると捉え，全グループをあげてその活動に取り組むことを宣言しており，環境保全と利益創出を同時に実現する環境経営を推進している。これはリコーの戦略にとって中核をなしており，リコーの環境経営を実現していくために地域社会・行政機関との戦略コミュニケーションは必須であると考えている。

㈠　御殿場市の環境事業開発センター

　リコーは2015年4月，静岡県御殿場市に「リコー環境事業開発センター」を開所している。

国内の生産機能再編に伴い，2013年に生産が終了していた「御殿場工場」を環境関連事業創出拠点として有効活用する狙いがある。リコーの環境関連事業のビジョンでは，温暖化や資源の分野で2020年，2050年の中長期環境目標を設定し，商品開発，サービスの提供などを進めている。環境事業開発センターは，省エネコピー機や再利用部品を活用したリユース製品にとどまらず，さらに広い分野で環境事業を展開できないか考えていくトライアルの場としている。リコーはこうしてグループ全体の環境事業において，2020年度に1,000億円規模の売上を目指すとしている。

　リコーの環境事業開発センターは，「リユース・リサイクルセンター」「環境技術の実証実験の場」および「環境活動に関する情報発信基地」の3つの機能を併せもっている。

　「リユース・リサイクルセンター」は年間2万台の複合機を再生している。当センターは，コピー機やプリンタを回収して再生するというものだが，製品および部品のリユースだけではなく，製品の状態に応じて，廃プラスチックを製品の原料として再利用するマテリアルリサイクル，廃プラスチックを化学的に分解して再利用するケミカルリサイクル，焼却の際に発生する熱エネルギーを回収するサーマルリサイクルへと回していく。

㈡　国への環境経営についての戦略コミュニケーション

　リコーにとっての環境経営は戦略の中核にあり，そのため，それをステークホルダーに理解してもらうことは重要だ。リコーの山下良則社長は「製品開発の段階から，リサイクルを意識して進めている」と，同社のリユース・リサイクル方針について説明している。

　またこの分野では，政府・官公庁に丹念にコミュニケーションすることが求められる。リコーは，環境経営の実現に向けて，脱炭素社会・経済への転換の方向性について，環境大臣など政府高官へ丹念なるコミュニケーションを行っている。

　2017年4月，リコーの山下社長は，リコーが発表した重要社会課題（マテリ

第4章　戦略実行力を高めるために求められる機能　*135*

アリティ）と新たな環境目標設定に関しての説明を行っている。そして，再生
可能エネルギー活用の国際的イニシアティブであるRE100にも日本企業として
初めて参画することを山本環境大臣に表明した。RE100とは，事業に必要な電
力を100％再生可能エネルギーで調達することを目標に掲げる企業が加盟する
国際イニシアティブであり，リコーは2030年までに，少なくとも電力の30％を
再生可能エネルギーに切り替え，2050年までに100％を目指すことを宣言して
いる。

　こうした活動をすることにより，リコーは自社の戦略の中核である環境経営
を地方自治体，センターを訪問する顧客，投資家などのステークホルダーの理
解を高めることに努めている。

㈢　リコーからの示唆

　リコーは，自らの戦略を環境経営として，外部に明確に発信，さらには，御
殿場の環境事業開発センターのように環境事業を立ち上げ，地域自治体との関
係構築，理解の醸成にも努めている。こうした一貫した環境経営により，自社
の戦略の中核である環境経営を地方自治体，センターを訪問する顧客，投資家
などのステークホルダーの理解を高めることに努め，その結果として従業員へ
の環境経営の浸透を徹底している。

⑶　戦略コミュニケーション強化における方向性

　戦略コミュニケーション強化における方向性として，①各種ステークホル
ダーとのコミュニケーションの強化，②横断的施策としてのステークホルダー
ミーティングの開催について述べる。

　日本企業は，戦略コミュニケーションを強化し，戦略を内外に浸透させてい
くことにより，顧客からの理解，パートナー企業との協業の推進，従業員の理
解の醸成により，戦略実行力を高め，着実なる戦略の実現を進めていかなけれ
ばならない。

① 各種ステークホルダーとのコミュニケーションの強化

㈦ 従業員への発信

　ステークホルダーとのコミュニケーションの中で最も重要なのは従業員との
コミュニケーションだ。従業員に対するコミュニケーションは，戦略策定の背
景と目指すべきビジョン，戦略の内容について，タウンミーティングのような
形でトップ自らが従業員に対して伝えていくことが大事だ。日立製作所はトッ
プ自らが事業所を回り，戦略を伝えている。そしてそのなかで，戦略策定の背
景，目指すべきビジョン，事業の方向性を示しているのだ。

　特に非連続な市場環境のなかで事業の構造改革をしていくためには，従業員
に対して，継続的な戦略のコミュニケーションが必要だ。事例でも述べたが，
デュポンは，大きな事業構造変革を推進するため，従業員に対して丁寧な市場
環境認識と戦略についての説明を行った。日本企業でも日立製作所やコマツは
従業員に対する戦略についての腹落ち感覚の醸成に力をいれている。その方法
は日立製作所が実施しているようなタウンミーティング，コマツが推進するコ
マツウェイによるコミュニケーションのように，トップ自らが発信すること，
さらに，一貫性を持って従業員に浸透させていくことが大事だ。

㈡ 投資家・債権者への発信

　戦略を推進していくために，株主・投資家からの評価は，長期の目線で事業
の構造改革を進める場合などは特に重要になる。それは事業そのものの構造を
変えていくなどに直面している企業では，その戦略の一貫性を担保していくた
めに，投資家からの理解が必須だからだ。中長期で取り組む戦略的課題につい
ては重点的に一貫性のある投資家発信を行うべきである。その際は数字ではな
く，何を目指しているのかを中心に発信し，自社のどのような強みから差別化
シナリオを考えているのかをしっかり説明する必要がある。

　そのためには，四半期決算など短期の業績や市場環境の変化に左右されない
一貫したビジョンを示すと同時に，特に重要なテーマについては，そのテーマ

第4章　戦略実行力を高めるために求められる機能　*137*

に絞ったIRやコミュニケーションを推進することが必要だ。例えば，富士フイルムでは戦略的に資源投資しているヘルスケア事業については，再生医療，医薬などの重点的成長領域について，継続的なるIRを行っている。

　投資家・債権者に対しては，時代が変化していくなかで自社がどのようなメガトレンドに着目しているのか，そしてそこにどのような事業機会を見い出しどのような提供価値を実現しようとしているのか，腰をじっくりと据えて説明をしていくことが必要だ。

㈦　仕入先などのパートナー企業への発信

　仕入先などのパートナー企業に対しては，自社がどのような事業を実現しようとしているのか，長期ビジョンを示すことが必要だ。その際，長期ビジョンを実現するには，現状のサプライヤーとは異なるパートナーとの協業が必要になることも多いだろう。

　その場合，将来実現したい姿を実現するには，どのようなパートナー企業と協業を進めるべきかを明確にしなければならない。事例で述べたトヨタ自動車は，自動車業界構造が大きく変わり，AI，シェアリングエコノミーなど，大きな事業環境の変化に直面している。こうした事業環境変化をパートナー企業と共有し，その変化に対して，目指すべき方向をあわせていくことが求められている。

　オーガニックな成長ではなく，非連続な事業環境において，成長戦略を実現していくためには，将来の事業構造転換を見据えたパートナー企業を見い出すとともに，実現していきたいと思われる事業の姿を共有できるよう，将来実現したいビジョン，事業の姿をコミュニケーションにより伝えていくことが必要だ。

㈢　顧客への発信

　顧客に対しては重点顧客向けの集いを開催し，自社が考えている事業環境の変化，そして戦略について伝えることが大事だ。しかしながら，その伝え方は，

顧客起点に立ったもので実施することが必要だ。例えば，シーメンスは，顧客の業界が将来どのように変化していくのか，業界別のシナリオを策定している。石油・ガス業界であれば今後のエネルギー市場環境がどのように変化していくかのシナリオを策定し，"PICTURE OF FUTURE" として発表している。

こうしたシナリオを顧客と共有し，顧客が抱えている課題を共有し，それに対して自社がどのような戦略を持っているか，何を実現しようとしているかを顧客に伝え，共有している。特に重点顧客に対しては，戦略を伝え，共有し，ともにイノベーションを創造するという関係性にまで昇華することが望ましい。

㈲　地域社会・行政機関への発信

地域社会・行政機関に自社がどのような社会的課題を解決しようとしているのかコミュニケーションしていくことは大事だ。例えば，リコーは自社の工場を再生エネルギーだけで運用することを目指し，さらに御殿場の工場跡地により，リサイクル事業など環境事業を推進しようとしている。こうした活動を通じ，リコーは，自らの事業において世界の環境問題を解決しようとしていることを伝えている。このように自社が実現したいことを，地域社会・行政機関へ発信し，理解を醸成することが大事だ。なぜならば，そうすることで，国や地方政府からの支援スキーム，補助金スキームなどの活用を行うこともしやすくなるからだ。

ヘルスケア業界であれば，厚生労働省，経済産業省などの省庁に対して，自社の戦略を理解してもらうことが大事だろう。ヘルスケア産業の輸出力強化は政策ビジョンとして明確に示されており，国からの戦略に関する理解と賛同は補助金スキームを活用するうえでも不可欠だからだ。

また，インフラ産業についても同様なことがいえるだろう。事業活動がグローバルに展開される現在にあっては，戦略コミュニケーションは日本のみならず諸外国地域の政府，行政機関に対しても綿密に行われる必要がある。例えば新興国政府がどのような国家マスタープランを持っており，どのようなインフラ需要と計画を持っているのかを把握し，自社がどのようにその実現に貢献

第4章　戦略実行力を高めるために求められる機能　*139*

できるのかを丁寧にコミュニケーションしていくことが必要だろう。

②　横断的施策としてのステークホルダーミーティングの開催

トヨタ自動車が実施したように，戦略コミュニケーションは，過去のIRのように投資家，アナリストだけを対象とするものではなく，地域社会，従業員なども含めたコミュニケーションを実施することが必要だ。さらに，コミュニケーションの内容は財務情報のみならず，非財務情報も含めたものとしなければならない。

こうしたステークホルダーを一堂に集め，自社がおかれている市場環境，実現したいビジョンを投資家・債権者，仕入先などのパートナー企業，顧客，地域社会などに伝えていくことで，自社の戦略についての理解を醸成するとともに，その結果として，自社のファンを着実に増やしていくことが必要だ。

立場が異なるステークホルダーが一堂に会し，テーマに沿ってディスカッションを行うことにより，自社の取り組みに対して，各ステークホルダーからの意見を聞くことができる。

ステークホルダーミーティングに経営層はもちろんのこと，部門長や担当者が参画し，直にステークホルダーの疑問に答えることで，自社が投資家や地域社会からどのように見られているのかを知ることができ，自社に関する理解を深めたうえで，どのように各ステークホルダーへの説明をすれば受け入れられやすいのかを理解することができる。

ステークホルダーミーティングは，各回テーマを変えて開催することで，様々な角度から自社に対する理解を醸成できる。例えば，グループ総合力を高めるための取り組み，ダイバーシティへの取り組み，自社が取り組む社会的課題とその解決に向けた動きなど，様々なテーマで開催することで，様々なステークホルダーの関心に応えてくことが必要だろう。

また，それぞれのテーマに応じた有識者に会議に参加してもらい，議論に参画してもらうことも有効なる手段だ。それぞれの分野の専門家からみた期待や取り組みを理解してもらうことで，自社の戦略に対する評価のみならず，専門

家の視点からみた期待を把握することも可能だ。このような取り組みを通じ，日本企業がステークホルダーに対する戦略コミュニケーションを着実に行い，理解の醸成を深めていくことで，ビジョンに基づいた長期戦略の着実なる実現を進めていくことを切に願う。

4 戦略実行を支える権限委譲

Point ☞

　戦略実行における組織権限上の問題として，日本本社の事業本部が，グローバルに展開する事業部門に関する損益責任を持っているために，製品開発，品質管理，投資に関する権限については，現地への委譲が進んでいないことが多い。また，事業部門は本社に対して，投資に対する詳細な事項まで許諾を取らなくてはならず，投資などの戦略的意思決定が遅くなるということも珍しくない。

　戦略実行における権限委譲での先行事例として，①GEが推進するGGOによる地域への権限委譲，②事業に対する責任の明確化を進め，意思決定スピードをあげた三菱重工業について紹介したい。

　権限委譲にむけて，①本社が持つべきガバナンス，②事業に対する権限委譲―事業格付けと権限委譲，責任と権限の設定，③地域に対する権限委譲について述べる。

(1) 戦略実行における組織権限上の問題

① 日本企業のグローバル化の経営と現状

　日本企業のグローバル化は，過去は，商社や現地の流通業を通じて，輸出をすることで海外市場に展開していた（図表4-7のステップ1）。

　さらに，現地市場に販売子会社を設立し，直接輸出することにより，現地での直接販売，販売促進活動，マーケティング活動を行ってきた（ステップ2）。

　次の段階（ステップ3）では，輸出や販売拠点の設立を行ってきた現地市場からの要請を受け，現地での生産を開始した。

　このステップ3までは多くの日本企業は移行できているが，ステップ4にあ

るような，現地のニーズを活かし，現地での経営資源を活用し，現地での開発から生産・販売までの完結した活動を実施する「現地自立化」への移行までは踏み切ることができない企業が多い。ましてやステップ5にあるように，世界市場を一つに捉え，グローバルな視点から各種活動の調整・統合がされ，経営資源の最適配置・最適調達を進める段階にまで到達している企業はほとんどない。

　多くの日本企業が，ステップ4になかなか進めないのは，日本本社の事業本部が，グローバルに展開する事業部門に関する損益責任を持っているため，意思決定の多くが日本で行われているためである。グローバル化が進展するに伴い，輸出モデルから，現地でのマーケティング機能，さらに，生産の現地化，生産・販売まで完結したモデルへと進化させ，現地への機能移転も進め，なかには，地域統括会社を設け，地域軸での経営を強化している企業もある。

　その一方で，海外での事業比率が50％を超える製造業が多いにもかかわらず，

	図表4-7	グローバル企業の発展段階

日本発事業

ステップ1 間接輸出	商社や現地の流通業者を通じて，市場開拓が行われ，輸出活動が始まる
ステップ2 直接輸出	現地市場における自社の販売子会社の設立による直接販売・販売促進活動が始められる
ステップ3 現地生産	生産の現地化が行われ，現地の雇用確保や貿易摩擦に対応した国際事業戦略の構築が求められる
ステップ4 現地自立化	現地ニーズを活かし，現地の経営資源を活用する方向で開発から生産・販売までの完結した経営活動を実施する
ステップ5 グローバル統制化	世界市場を一つに捉え，グローバルな視点から経営活動が調整・統合され，経営資源の最適配置・利用が図られる

グローバル化

（出所）野村総合研究所作成

製品開発，品質管理，投資に関する権限については，現地への委譲が進んでいないのが現実だ。

　今後，グローバル化が加速していくことを考えると，地域がどのような役割を果たし，地域に対してどのような役割と責任を持たせていくべきかを明確にし，地域への権限委譲を進めることは避けられない。もはや日本の本社から全世界を見ることは不可能だからだ。

　権限委譲に関しては，先述したように事業部門も例外ではない。ただし，事業部門の権限委譲については，その事業の状況，つまり，損益状況がどのようであるか，事業上のリスク，つまり投資に対して大きなリスクがあるのかなどに鑑み，事業部門に対してどこまでの権限委譲ができるのかを決めなければならない。現在，事業部門にはこうした権限委譲に関するルールが明確になっていないため，事業部門は本社に対して，投資に対する詳細な事項まで許諾を取らなくてはならず，投資などの戦略的意思決定が遅くなるということも珍しくない。

⑵　先行事例

①　GEが推進するGGO（地域への権限委譲）

　GEは2012年，新興国での成長を促進するため，グローバル・グロース＆オペレーションズ（GGO）という組織を立ち上げた。世界170カ国で事業を展開しているグローバル企業としての同社の強みと，ローカルにおける最適なビジネスのやり方とのバランスを取るため，GGOが中心になって事業部門での連携を促進し，顧客が求めるスピードで現地ニーズに即した対応を行っている。

　GGOは，GEの副会長であるジョン・ライスが率いる組織である。同社の経営をリードしているジョン・ライスが新興国市場での成長を実現させるため本社のある米国ではなく，香港を拠点に，より現場に近い場所で強力なリーダーシップを発揮し，地域における強力な事業推進を行っている。

GGOを構成しているのは，同社の事業部門から選定された人員や，新興国政府に強いコネクションを有する人材であり，彼らは各地域政府へのGE製品の「案件醸成」を行っている。なお，ここでいう案件醸成とは，新興国政府との信頼関係を構築し，インフラ整備について計画初期の段階から主導的に提案していくことである。

　同社の主力事業である都市インフラ事業について見ると，新興国におけるインフラ整備事業は，商談というより条約締結に近いことが特徴である。そのため，GEは，ナイジェリア政府と「20年契約」を結び，インフラ事業を全面的に請け負っている。具体的には，同社がナイジェリアの道路や港湾，医療，さらに発電までを一括して請け負い，20年にわたって保守サービスを保証するというものである。つまり，同社がナイジェリア政府という顧客に対して，メンテナンス保証も含めて契約締結する「パッケージ型事業」を展開しようとしているということである。

　「港湾や道路の建設を請け負って終わり」といった売り切り事業ではなく，新興国政府が最も悩んでいる領域，すなわち，「どうやって国民に便利な生活を提供していくのか」にまで踏み込んで，製品や整備工場とそれらの長期保守をコミットメントすることにより，お客様から見て高い付加価値の提供を実現している。また，インドでは，「In Country For Country」という考え方の下，農村で持ち運べる簡易型の心電計「MAC400」を開発した。こういった簡易型の製品は，今では先進国においても別の用途で使われており，リバース・イノベーションの典型例として取り上げられている。

　同社は，毎年，売上高の５％を研究開発投資に振り向けているが，重要なのは，市場のニーズを分析し，ニーズにあったものを迅速に開発できる体制になっていることである。

　ライス副会長は「研究熱心なのはいいことだが，大切なのはいい製品を生み出すこと。それには常に顧客のことを考えなくてはならない」と話す。研究開発体制も「便利な生活」を前提に，新興国のスタッフを増強する方針を打ち出している。現地により密着することでその地域ならではのニーズを把握するな

ど，現地に根を下ろした活動を目指している。そのため，サプライチェーンの現地化にも着手している。具体的には，2009年に進出したベトナムのハイフォンでは，風力発電用タービンを現地生産できる体制を構築している。

現在，GEは，重点国として展開すべき新興国をラテンアメリカ，中国，オーストラリア&ニュージーランド，中東・北アフリカ・トルコ，サブサハラアフリカ地域（サハラ砂漠以南地域）と定めている。その市場深耕のため，GGOが中心になって現地ニーズを分析したうえで，エネルギー（ガスタービン），ヘルスケア，ロコモティブ（交通システム），航空など各事業での事業機会を創出し，事業部門と連携しながら推進している。

②　事業に対する責任の明確化を進め，意思決定スピードをあげた三菱重工業

三菱重工業は，2011年4月，事業所制度，事業本部制度の二本立てで行ってきた組織運営を改め，事業本部制度への一本化を行った。それにより，各事業所が有していた，事業企画，品質保証，営業，設計，工作，建設などの事業遂行上の権限をすべて事業本部に移管した。さらに，2013年10月には，9つあった事業本部を「エネルギー環境」「交通・輸送」「防衛・宇宙」「機械・設備システム」の4つの事業ドメインに集約するとともに，各ドメインにはドメインCEOを設置し，ドメインCEOに大きく権限委譲を行った。さらに，2017年4月からはドメインを，パワー，インダストリー&社会基盤，航空・防衛・宇宙の3つに絞っている。

ドメインCEOに権限委譲を行うために，戦略的事業評価制度を運用し，ドメイン内にある合計48（制度設立当時）のSBU（戦略的事業単位）に資本金（金利付）を設定し，各SBUの事業性および財務健全性を評価し，格付けを行っている。

具体的には，「伸長」「変革」「縮小・撤退」「新規」の4つに分類し，格付けに応じた許容D/Eレシオ（負債/資本倍率），借入金利，使用可能な投下資本（資本金と借入金）の上限を設定している。また，各SBUに対しては，利益目標としてのSAV（Strategic Added Value＝純利益＋税金調整後支払い利息－

資本コスト），フリーキャッシュフローの管理を行い，そのうえで，「伸長」に位置づいた事業については，事業に対する大幅なる権限委譲を行っている。

「伸長」事業の具体例としては，同社最大の事業であるガスタービン事業があげられる。同社では，M&Aもしくは買収・統合した後のPMIの加速化によりSBUの規模拡大を促進しており，ガスタービン事業では，三菱日立パワーシステムズとして独立会社化し，大きな権限委譲を実施した。グローバルな競争のなかで，GE，シーメンスに対抗すべく，権限委譲による意思決定の迅速化を進めようとする狙いがその背景にある。

このように，三菱重工業はポートフォリオ別のキャッシュフロー経営を推進し，「伸長」とされた事業については，権限委譲を実施したうえで，高い収益性によるキャッシュフローの創出，さらなる投資の継続を推進させている。一

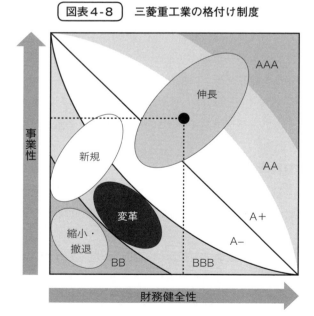

図表4-8　三菱重工業の格付け制度

（出所）三菱重工IR資料

方，単独で生き残ることが難しい事業については，他社との提携を進めている。例えば，農業機械はインドのマヒンドラ&マヒンドラ社と提携し，三菱マヒンドラ農機株式会社を設立している。マヒンドラ&マヒンドラ社の製品開発力，コスト競争力のある生産力，インド，中国，米国をはじめ世界で第一級の販売網を持つ販売力と，三菱重工グループの持つ技術力とブランド力を活かしながら，国内およびグローバルでの競争力を強化することを狙っている。この場合においても，事業が成長できる提携を促進したうえで当該事業会社に権限委譲をしている。このことが同社のポートフォリオマネジメントの特徴であるといえる。

(3) 権限委譲に向けて

① 本社が持つべきガバナンス

事業あるいは地域に対して権限委譲を進めるためには，本社が持つべきガバナンスとは何かを再定義することが必要である。昨今の日本企業は海外地域で多くの事業買収を行っており，特に食品メーカー，飲料メーカーは海外で有力なブランドを有する海外メーカーを買収している。食品・飲料業界は地域性が高いことに加え，完成した事業体を買収している場合が多く，その結果として，自ずと権限委譲が進んでいる場合も少なくない。しかし，その場合も，本社は事業と地域に対してどのような権限委譲を行うのか，明確なる方針を打ち出すことが大事だ。

そのために本社は，世界各地でどのようなビジネスモデルを推進しているのかを理解することが必要だ。特に，地域ドリブンで買収した企業については，その企業が行うビジネスモデルを理解することが不可欠である。

本社としては，そのうえで，どの地域のどの事業に対して，どのような監査を行う必要があるのかを導き出さないといけない。また，事業に対しても，事業環境変化を理解し，当該事業がもつリスクを詳細に整理したうえで，リスク

マネジメントを強化することが必要だろう。例えば，機器売り切り型ではなくサービスモデルを推進する製造業についてみると，近年では，ファイナンスモデルを絡めてプロジェクト提案していることが多いため，過大に資産を保有することになったり，回収におけるリスクを負うことも多い。本社としては，こうした事業部門のビジネスモデルの変化に直面するリスクへの感度を高めることが大事だ。

② 事業に対する権限委譲 ── 事業格付けと権限委譲，責任と権限の設定

　事業に対する権限委譲を行うためには，事業の格付けを行い，状況を定量的に把握することが必要だ。つまり，市場成長性，経営利益率などの財務健全性から事業格付けをし，格付けに応じた権限委譲が大事だ。そうすることによって，優良事業に対して，リソースを集中的に投下することができる。そのためには，事業に対する格付けを明確に行い，それぞれの格付けに所属した事業に対する事業経営の方向性を示すガイドラインを明確にすることが必要になる。

　例えば，次頁の図表4-9にある「重要事業」，つまり市場成長率が高く，収益性も高い事業に対しては，投資に対する権限までを付与するなど，ドラスティックな権限委譲が必要だろう。

　「課題事業（市場成長率が低く，営業利益率も低い事業）」に対しては，事業環境，競合状況，社内リソースを詳細に把握したうえで，市場での競争力を客観的に評価する必要がある。それをもとに継続するのか，社内の他事業と組み合わせるのか，他社と提携することにより生き残りをかけるのか，あるいは，事業撤退するのか，を判断しなければならないだろう。

　また，「安定事業（市場は成長していないが，営業利益率が高い事業）」については，市場シェアに鑑み，自社の相対的ポジションを考えたうえで残存者利益が得られる事業なのか，撤退すべき事業なのかを決定することが重要だ。自社のポジショニングを明確にしたうえで，競合と比べて高い市場シェアを確保できているのであれば，残存者利益を得られる事業として，投資をせずに利益だけを取り続けていくことができる。逆に市場シェアが低いのであれば，今後

図表4-9　事業評価アウトプットフォーマット

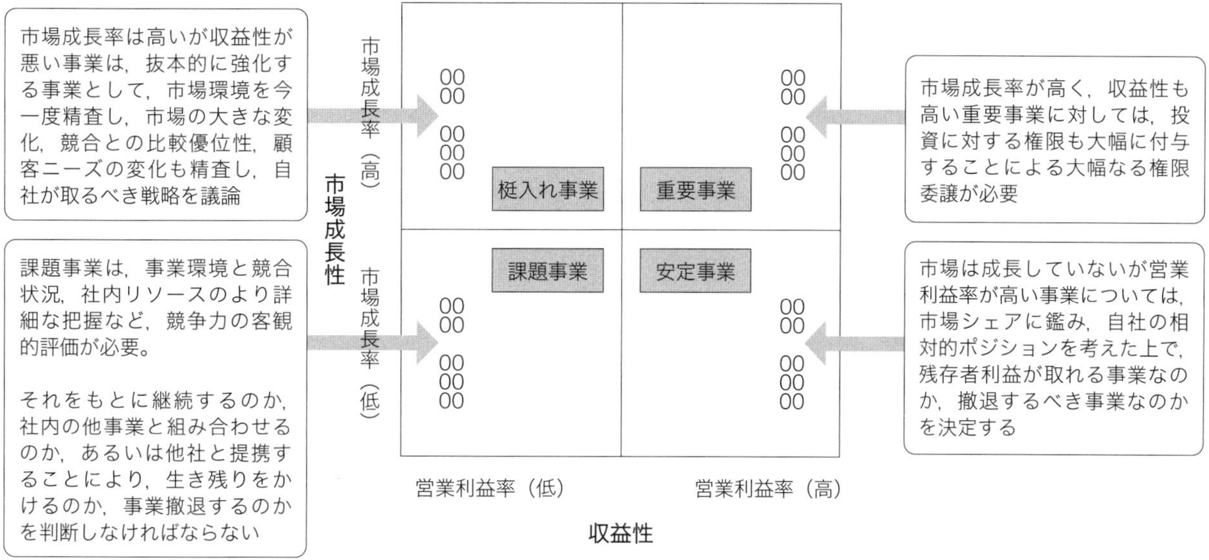

市場成長率が高く、収益性も高い重要事業に対しては、投資に対する権限も大幅に付与することによる大幅なる権限委譲が必要

市場は成長していないが営業利益率が高い事業については、市場シェアに鑑み、自社の相対的ポジションを考えた上で、残存者利益が取れる事業なのか、撤退するべき事業なのかを決定する

市場成長率は高いが収益性が悪い事業は、抜本的に強化する事業として、市場環境を今一度精査し、市場の大きさな変化、競合との比較優位性、顧客ニーズの変化も精査し、自社が取るべき戦略を議論

課題事業は、事業環境と競合状況、社内リソースのより詳細な把握など、競争力の客観的評価が必要。

それをもとに継続するのか、社内の他事業と組み合わせるのか、あるいは他社と提携することにより、生き残りをかけるのか、事業撤退するのかを判断しなければならない

	収益性	
	営業利益率（低）	営業利益率（高）
市場成長率（高）	梃入れ事業	重要事業
市場成長率（低）	課題事業	安定事業

市場成長性

（出所）野村総合研究所作成

は市場の縮小により利益確保が厳しくなる可能性が高いため，他社への事業譲渡など再編も含めた検討が必要になる。

　さらに，市場成長率は高いが，収益性が悪い事業については，抜本的に強化すべき「梃入れ事業」として，①市場環境の大きな変化，②競合との比較優位性，③顧客ニーズの変化，をいま一度精査（事業評価）し，評価結果に応じて，例えば，成長が見込まれると評価された事業に対してはリソースを配置したり，他社との提携により活路を見い出せるかを検討することが必要である。また，保有する技術は非常に高いが成長する市場に対する販路に乏しいと評価された事業については，市場に非常に強いアクセスを持っている会社と合弁を組むことも選択肢に含めた検討が必要になるだろう。

　このように事業に対する格付けとガイドラインを明確にしたうえで，「重要事業」では大幅な権限委譲を行い，「安定事業」については，大きな投資対象ではないが，残存者利益を取るために自立した事業としての権限委譲を行う。「梃入れ事業」については，他社との提携や合弁会社の設立といった方向性を本社が示したうえで，権限委譲をすることが必要である。「課題事業」については，権限委譲よりも，まずは，事業をどのような方向に持っていくのかについて，本社がより踏み込んで検討することが必要である。このような事業評価結果に応じたガイドラインの運用を行うためには，本社側において，的確な事業評価が行えるような，評価能力の向上や人材補強が重要になる。

③　地域に対する権限委譲

　地域に対する権限委譲のためには，グローバル本社，リージョナル本社それぞれの役割についての定義が必要である。グローバル本社は，グローバル戦略の策定，グローバルでの資源配分を決めることになるが，リージョナル本社は，地域における戦略策定と資源配分，地域戦略の推進を行うことが求められる。本社がグローバルで事業責任を持つも，リージョナル本社である地域統括がどのように地域戦略に対してイニシアティブを持つのか，その際，リージョナル本社にどう権限を委譲するかがポイントとなる。

第4章　戦略実行力を高めるために求められる機能　*151*

　権限委譲を検討する際も，リージョナル本社が，販売のみの機能会社なのか，開発から生産，販売までを行う事業会社としての機能を持っているかが重要な論点となる。食品産業，特に飲料メーカーは，現地企業を買収することが多く，地域が独立した事業体と位置づけられ，権限委譲が相対的に進んでいることが多い。しかしながら，同じ量産品でも，日本に開発機能が集約され，地域では生産のみを行っている場合は，状況が異なる。生産，販売機能に関しては地域を統括する役割を担うも，地域独自の商品開発を行うことに対する権限委譲はされていないことが多い。

　グローバルモデルのように地域性があまりない商品については，日本国内にある事業部門の本部に権限を集約するほうが効率がよいが，新興国では，現地発の事業展開が求められているため，地域発の事業を創る権限を地域に付与し，地域発商品の開発などを進めることが有効である。先述したGEはその典型例である。新興国に設置したローカルグロースチームに権限を全面的に委譲し，その体制のもとで，新興国向けの超音波診断装置を開発し，新興国の市場を切り開いている。

　また，受注品の場合は上記とは状況が異なり，現地企業は販売とサービス機能を担うことが多くなる。営業活動についても，事業部門が事業機会があると判断すれば，日本からエンジニアが出張ベースで現地を訪問し，詳細の技術要件を固め，受注まで至るケースもあるが，その場合，現地企業の役割は極めて限定的である。日本の事業部門本部からすると，現地は単なる販売とサービス機能を担っているに過ぎないのが実態である。

　ただ，こうしたやり方は限界にきているといえる。つまり，生産，資材調達などの機能はより現地，もしくは現地に近いところで行う必要が出ていることと同時に，営業機能もエンジニアリングなどの技術面を含め，より現地化しなければならない。さらに，電力プラントや交通システムのような事業になると，現地政府や関連企業へのガバメントリレーションを密にしたうえで，現地政府のマスタープランに深く関与するプロジェクトの提案，国土開発計画やインフラ整備計画に訴求するような制度・仕組みの提案等のロビイング活動も求めら

れる。この場合には，地域への事業戦略策定と遂行における権限も併せて委譲することが必要になる。

　GEのGGOのように大規模な地域統括機能を設置することは，日本企業の場合は，リソースの問題から難しいだろう。したがって，地域統括内部に先行したマーケティング部隊を少数でも設置し，事業部門単独では難しい地域へのガバメントリレーション，国のマスタープランにフィットした提案をピンポイントで行うことが１つの方策になろう。こうしたマーケティング活動から得られた地域ニーズを定期的に地域マーケティング会議のような形で，地域統括トップ，各事業部門トップが集まった場で紹介し，事業部門に対して，当該地域にリソースを投入することを提案していくのが望ましい。事業部門においては，その提案を踏まえて現地視察を行い，他社に先行して実施すべき潜在的なニーズがあると判断すれば，地域統括にリソースを投入し，地域でのマーケティング，地域発の事業開発を進めることが有効だろう。

　日本企業は，事業のグローバル化が進んだにもかかわらず，現在のように多くの権限が日本に集中する状態を作り込んでしまったことにより，自らの成長限界を設けてしまっている。グローバル企業と競争していくためにも，この限界を打破することは喫緊の課題であり，いままで述べてきたように，事業，地域に対する責任と権限を明確にしたうえで，権限委譲を進めることが必要不可欠である。事業のグローバル化のみならず，経営のグローバル化を進めることがもはや避けられない状態になってきていることを，日本企業の経営者は強く意識しなければならない。

5　戦略実行を支える人材育成

> **Point** ☞
>
> 　戦略実行における人材育成上の問題は、戦略策定は行うも、その実行を行うための人材が伴わないケースが多い。こうした状況において、日本企業の人材育成上の問題は、①中長期戦略を実現するためにどのような人材が必要か不明確、②必要な人材を育成する育成プランに落としきれていないことがある。
>
> 　戦略実行力を高めるため、必要となる人材を明確に定義し、人材育成プランまで落とし込んでいる先行事例として、GEの人材育成、オムロンのTOGAとROIC経営がある。
>
> 　戦略実行力を高めるための人材育成の方向性としては、①ビジョンを実現するためのポジションの明確化と優秀人材配置による育成、②戦略実行における社員自ら育つ場の提供、③戦略実現のためのプロセス可視化とフォロー、がある。

(1)　戦略実行における人材育成での問題

　いかに優れた戦略があろうとも、それを実行するのは、人である。そのため、戦略実行は人材なくして語ることはできない。しかしながら、多くの日本企業が直面している課題は、この人材育成である。なぜならば、過去の延長線上で成長戦略を描けるのであれば、過去から日本が強みとしているOJT（On the Job Training）、Off JT（Off the Job Training）で十分であったが、現在のように変化が激しい市場環境にあっては、過去からの延長線上だけでは、市場環境に適合した戦略を実行できない。そのため、企業には変化に対応していける人材を育成することが求められている。そして、過去から日本が強みとしてきたOJT、Off JTだけではなく、成長のために求められる役割が何か、そしてそ

れはどうしたら育成できるのかも含め，明確にしていかなければならない。

こうした状況において，日本企業の人材育成上の問題は，①中長期戦略を実現するためにどのような人材が必要か不明確であり，②必要な人材を育成する育成プランに落としきれていないことがある。

①　中長期戦略を実現するためにどのような人材が必要か不明確である

日本企業は，非連続な市場環境の変化に直面し，過去の延長線上では成長できない現実に直面していることが多い。私が多くの日本企業と議論していて感じることは，戦略の実行を試みるも，結果として，事業の構造改革を推進できる人材の不足により，十分な実行が伴わなかったという現状だ。つまり，やるべき戦略はわかっているが，実行できる人材が圧倒的に不足していることが問題となっていることが多い。

特に，シェアリングエコノミー，電動化などにより大きな市場環境の変化に直面している自動車産業，電子化に直面し，需要が減少している複写機産業，ICTの進展により，ビジネスモデルが大きく変化している建機業界など非連続な市場環境に直面している業界では，事業構造を大きく転換する戦略の立案，そして実行が必要となる。

こうしたなか，中長期のビジョンを実現するため，戦略実行を進めていく人材が十分にいないことは顕在化している問題だ。そのため，多くの企業では人材の育成と外部からの補充を急いでいる。しかしながら，そもそもどのような役割が求められ，それが担える人材像が明確になっていないことが多い。

グローバルに展開する事業戦略を実現するために必要となる人材要件を明確に定め，必要な人材をどのように育成するか，獲得するかを明確にすることが必要になっている。多くの製造業はハードウェアのみならずサービスも含めたソリューション事業に転換しようとしているが，その展開には苦慮していることが多い。この大きな理由は，戦略を立てるものの，そこに必要となる人材要件が明確になされていないことが多いためである。

② 必要な人材を育成する育成プランに落としきれていない

　事業部門，本社機能からの配置転換を急ぐことにより，その育成を急いでいるが，圧倒的に必要な人材が足りていないという現状も多い。そのため，即戦力としての中途採用が行われることも増えている。

　しかしながら，終身雇用が基本的な考え方になっている日本企業においては，人材の入れ替えは難しく，現在いる従業員を最大に活用しながら，求められるスキルの変化に伴い，社員のマインドの変革，スキル面での育成が必要だ。海外拠点においても，事業構造を変えていくために必要なスキルをもった人材を外から獲得するのみならず，社内人材との融合のため，内部の人材の育成も必要となるだろう。

　こうした状況において，日本企業の現状は，人材の育成が追いついていないことも多い。どのような事業を実現したいのか，そのためにどのような人材が求められるのか，従来からの内部人材，外部から獲得した人材を含め，いかに中長期戦略を実現する人材を育成していけるかが重要な課題になっている。しかしながら，こうした人材育成への落とし込みができていない結果，中期経営計画を何度回しても，常に目指すべき事業モデルの展開ができないのは，必要なリソースが足りないからというケースを多く見受ける。

　例えば，重電業界においては100MWといった大型のガスタービンは世界の需要100台に対して，GE，シーメンス，三菱日立パワーシステムズといった主要メーカーの供給力を合計すると400台と圧倒的な供給力過多の状態となっている。こうした状況において，いま必要なのは電力会社ではなく，電力を実際に使う需要家，つまり企業の工場などに直接接点を持ち，コスト，需給バランス，環境面の配慮からどのような電力の供給を行うべきか，需要家の視点に立った提案ができる人材が必要になるだろう。

　過去からの日本企業の育成はOJT（On the Job Training）もしくはOff-JT（Off the Job Training）で行われてきた。しかしながら，古くからの事業構造を大きく変革していかなければならない現在において，古くからの育成方法で

は人は育たなくなっている。例えば，昔ながらのハード中心の売り切り事業を行ってきた上司の下では，いま製造業に求められているサービス事業モデルを実践できるようにはならない。もしくはOff-JTで理論だけ習ったところで，実践とは程遠く，職場での展開力に乏しいだろう。こうした状況において，日本企業は，どうしたらビジョンと戦略を実行できる人材を育成できるのか，という大きな課題に直面している。

⑵　先行事例

先行事例としては，①GEの人材育成，②オムロンのTOGAとROIC経営がある。

①　GEの人材育成

GE社はグローバル規模での成功を収めている企業である。1892年設立以来，世界170カ国で事業展開をし，ガスタービンなどの電力インフラ（パワー），航空機エンジン，ロコモティブ（交通），医療機器（ヘルスケア）などの事業を推進するコングロマリット企業である。同社は，前CEOであるジェフイメルト時代にIoTのプラットフォームであるPredixを推進する部門をGEデジタルとして事業部門化し，製造業であるハードウェアの強みとその運用技術であるOT（Operational Technology），IoTプラットフォームであるITの強みを組み合わせ，新たなる事業モデルの構築を強力に推進した。

同社では，グローバル戦略策定のなかに，人材育成をどのように行っていくかを構築するプロセスが明確に定められている。GEの人材育成を理解するため，2016年まで推進してきた人事評価制度であるセッションCと，2016年以降の人材育成の仕組みであるピープルレビューについて触れたい。

㋐　セッションC

GEは経営戦略を策定するプロセスにおいて，戦略を実現するために必要と

なる組織と人材の育成が行われているかを1年に一度レビューを行ってきた。人材の育成は，同社にとって戦略実現上最も重要な課題であり，経営者は自らの課題として人材育成に取り組み，必要となる人材要件をトップマネジメント自らが明確に定めてきた。

GEの求められる人材像はGE Growth Valuesとして，①外部志向，②明確でわかりやすい思考，③想像力と勇気，④包容力，⑤専門性のコアバリュー，と5つの要件として明文化され，運用されてきた。

これはGEが社内外の有識者を招き，「21世紀のリーダーは何を備えるべきか」を議論し，経営者がコミットメントした形で策定しているものであった。このGE Growth ValuesはGE全社員の人事評価指標にまで落とし込まれていた。

そして，戦略を実現するために最も必要な人材が求められる形で育成されているか，1年に一度のレビューを行ってきた。レビューは9ブロックと呼ばれる評価のテンプレートを用いて行われてきた。

9ブロックは縦軸にパフォーマンス（業績），横軸にGrowth Values（価値観）を取り，その2軸を3つのレベルに分けて9つのブロックからなるマトリ

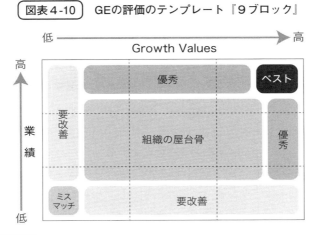

図表4-10　GEの評価のテンプレート『9ブロック』

（出所）GE発表資料

クスをつくり，それぞれの社員をレーティングするというものだった。マトリクス内には「ベスト」「優秀」「組織の屋台骨」「要改善」「ミスマッチ」と名付けられた個人別の評価があり，誰がどのブロックに入り，昨年と位置が変わったのはなぜかということなどが，議論の大きな材料になっていた。

セッションＣは，基本的に年に一度，第１四半期末に，各部署のリーダーが自分の組織と主立った人たちの可能性と現状とのギャップをまとめてレビューする制度だった。個人の育成や昇進，後継者の育成計画，人員配置の適正化に活かされ，戦略的な人事制度の根幹をなしていた。これにより，優秀な人材を"見える化"することを狙うとともに，経営者が常に経営戦略に人材を生かすことを狙ってきた。優秀と目された人材については「ストレッチングアサインメント」により，より困難な業務に就かせることで，戦略的に重要な業務のなかで人材の資質を引き出し，育成を行ってきた。より，クロスファンクションかつグローバル規模での経験をさせることで，トップがコミットメントした形で人材育成を実施してきた。

(イ)　セッションＣの廃止とGEビリーフスの推進

GEは，前CEOのジェフイメルトがメーカーとしての強みを生かしたOT（オペレーションテクノロジー），とGEが強力に推進するPredixによるIT事業をあわせ，デジタルサービス時代の勝者になる戦略を打ち出した。その際，デジタル化に対応する経営戦略の刷新に伴い，より早く，シンプルに，そして迅速に試すことを重視する価値観を重んじ，人材育成の姿も大きく刷新した。

具体的には，［GE Growth Values］は刷新され，［GEビリーフス］に改められた。

GEビリーフスは，GEは世の中の変化にあわせてこれから体質を変化させるので，「社員に変わってほしい」という思いをベースにした５項目だ。それぞれの項目がよりヒューマンタッチになっており，キーワードではなく文章で構成されている。そして，社員の評価対象は，GEビリーフスをどれだけ自分のものとして実践しているかに大きな比重を置いている。ただ，その達成度合い

第4章　戦略実行力を高めるために求められる機能　*159*

図表4-11　GE Growth ValueとGEビリーフス

【GE Growth Values】
・外部志向（External Focus）
・明確でわかりやすい思考（Clear Thinker）
・想像力と勇気（Imagination & Courage）
・包容力（Inclusiveness）
・専門性（Expertise）
▼
【GEビリーフス】
・お客様に選ばれる存在であり続ける（Customers Determine Our Success）
・より速く、だからシンプルに（Stay Lean to Go Fast）
・試すことで学び勝利につなげる（Learn and Adapt to Win）
・信頼して任せ、互いに高め合う（Empower and Inspire Each Other）
・どんな環境でも、勝ちにこだわる（Deliver Results in an Uncertain World）

（出所）GE資料

を点数に置き換え評価するセッションC，9ブロックのテンプレートは廃止し，
「ピープルレビュー」というプロセスが採用されている。ピープルレビューは，
タレント（能力，適正）のレビューという点でセッションCと同じである。参
加メンバーにおいても，チームを率いるリーダーと担当人事，その上司と上司
につく担当人事4人で行われるが，組織戦略や人事戦略にこだわらず個々の人
材の可能性をディスカッションすることにフォーカスしている。

　マネージャーが自分の組織と主立った人たちの可能性と現状とのギャップを
まとめてレビューするセッションC，そして評価に用いるテンプレートである
9ブロックでは，より公平で精緻な評価をするための資料づくりに，人事部門
とラインマネージャーに大きな負荷がかかっていた。そこを一気に簡素化し，
細密な資料をもとに議論するより，もっと自由にディスカッションしたほうが
より有意義と考えたことがセッションCを廃止した理由である。

　実際，ピープルレビューになって，求められる資料はわずか数枚になり，
リーダーは担当するチームの組織図とメンバーの顔写真を用意して，上司とフ

リーディスカッションするレビューとなった。こうすることにより，デジタル時代において，激しく変化するビジネスモデル，それにあわせて求められる人材像に基づき，より有機的に社員に対して求められる役割とパフォーマンスに対するレビューが行われることになり，GEの戦略実行力を高めることに大きく寄与している。

　GEにこうした仕組みの改訂ができたのは，GEグロースバリューを推進する時代からリーダーが具備すべき価値観がGE社員に深く根づいているからである。そうした哲学があるため，9ブロックのテンプレートがなくてもバリューを重んじる精神は変わらず運用することができる。評価を報酬に反映させる成果主義が大方針であることも変わっていない。一定のレーティングは使わなくても，やはり評価はすることになる。レーティングや点数でなく，中身で語るような形にし，より運用を実践的なものとした。従来は，経営陣が組織と従業員のレビューをセッションCで行い，9ブロックによる相対評価に膨大な時間をかけ，評価を行い，成果に対する原資の分配を行ってきた。しかしながら，現在は，貢献が大きい部門に成果配分の原資を渡し，マネージャーの裁量で配分を行うように権限委譲した。

　こうした改訂により，セッションCにあった，評価におけるレーティング要素はそぎ落とされ，よりタレントに徹底的にフォーカスし，そのタレントが成長や育成をできるプランを考え，それを実行することで，戦略実行力を高めるという本来の目的を達成しやすい形式を実現している。

(ウ)　GEの人材育成からの示唆

　GEの人材育成からの示唆は，(i)求められる人材像を明確にしていること，(ii)プロアクティブな社員へのフィードバックを通じ社員を育成していることだ。

　(i)　求められる人材像を明確にしている

　GE Growth Values，GEビリーフスなど社員に求められる人材像を明確にしていること，そしてそれに基づき，戦略を実現するために，求められる組織・人材の姿とギャップを認識し，それに向けてギャップをいかに埋めるかという

レビューを行っている。こうしたことが実現できる大前提として，GEが変化していく市場環境にあわせて，戦略を明確にし，それを実行していくためにはどのような人材が必要になるかを明確にしている。

(ⅱ) プロアクティブな社員へのフィードバックを通じ社員を育成している

そして，マネージャーが自分の組織と主立った人たちの可能性と現状とのギャップをまとめてレビューするセッションC，そして評価に用いるテンプレートである9ブロックといった仕組みが組織としての考え方として定着した段階で，中身をより重視し，戦略実行力をより高めるため，ピープルレビューでプロアクティブに社員へのフィードバックを頻繁に行うことにより，社員の育成を行うことで，戦略実行力を高めていることにある。

ただし，日本の企業が，一気に9ブロックの運用を飛ばして，プロアクティブなピープルレビューに行くことは難しいだろう。なぜならば，GEでは，求められる人材像が明確になり，それに基づく評価の仕方が9ブロックにより，組織内部に定着していたからである。そして，よりプロアクティブに，1年に一度の評価時期を待たず，社員への頻繁なフィードバックと育成が可能となった。そのため，日本企業では，まず9ブロックのような形での求められる人材像の明確化と，それに基づいた評価の仕組みの構築から取り組み始める必要があるだろう。

② オムロンのTOGAとROIC経営

オムロンは，センシング＆コントロールをコア技術としており，生産現場のFA機器，顧客の商品に掲載される電子部品やモジュール，交通信号や駅関連の移動化などの社会インフラ事業，健康機器の体温計や血圧計といった消費者向け商品まで展開している会社である。

同社では，創業者，立石一真が社憲を1959年に制定して以来，この精神をよりどころとしながら，数々の世界的なイノベーションを創出し，よりよい社会，人が輝く豊かな社会に貢献し続けてきた。現在のオムロンは，10年間の長期ビジョンであるVG2020のもと，グローバル化を加速させており，世界の様々な

社会的課題を解決することで，企業価値のさらなる向上を実現しようとしている。そのため，同社では企業理念に基づいた行動をより一層実践していくことが重要だと考えられている。オムロン企業理念に基づいたビジョンを実現していくため，社員の実践を推進する仕組みを構築することで従業員の腹落ち感覚に基づいた戦略の実行を推進している。その取り組みとして，㋐TOGA（THE OMRON GLOBAL AWARDS）と㋑ROIC経営がある。

㋐ TOGA（THE OMRON GLOBAL AWARDS）

　オムロンは2012年にTOGA（THE OMRON GLOBAL AWARDS）を開始し，企業理念に基づくテーマを社員のチームが宣言し，チームで取り組む活動を推進している。これにより，チームで協力しながら同社のビジョンである社会的課題の解決，顧客・社会への価値創造について，話し合い，戦略を実行していく力を高める活動となっている。

　同社の企業理念，長期ビジョンの根底は，社会的課題の解決であり，同社の戦略は同社のセンシング＆コントロールの技術を活かし，生産現場のFA機器，顧客の商品に掲載される電子部品やモジュール，交通信号や駅関連の移動化などの社会インフラ事業，健康機器の体温計や血圧計といった消費者向け商品などにより，社会的課題を解決することにある。

　そのため，TOGAでは，グローバルに各事業部門，コーポレート部門の社員がチームを編成し，ビジョンの実現のためにテーマを自ら選定し，事業活動，戦略を実行し，社員同士がその活動を通じて，共に育成し高めあっている。

　TOGAには大きく3つの特徴がある。その特徴は，(i)プロセス重視，(ii)評価内容，(iii)表出と共鳴にある。

(i) プロセス重視

　TOGAでは結果もさることながら，その結果を出すための理念実践のプロセスを重視している。そのため，理念のつながりやチャレンジポイントを宣言し，テーマをエントリーする有言実行型の仕組みを取り入れている。そして，チームで協力し合い，メンバー同士が刺激し合い，相乗効果を発揮していくことを

第4章　戦略実行力を高めるために求められる機能　*163*

大切にしている。

　(ⅱ)　評価内容

　結果・成果だけではなく，達成過程でのチャレンジや企業理念に基づく行動を評価している。また，失敗した事例においても果敢にチャレンジしたこと，失敗のなかから学び取ったことを評価する表彰カテゴリーを設けることにより，様々な理念実践をたたえ合う工夫をしている。

　(ⅲ)　表出と共鳴

　最終のグローバル発表会までに，職場，会社，地域内の様々な場面で企業理念の実践事例を発表することで，共有する機会を設けている。模範事例として選ばれたチャレンジ活動は，社内情報サイトなどで共有される。TOGAにより，自らチャレンジし，お互いの取り組みを共有し，次の行動に移り，お互いに高め合うことで人材が育成されていく。

　2016年度のTOGAでは世界から5,003件ものエントリーがされ，2017年2月から3月にかけて，エリアごとのプレゼンテーションと選考会を実施し，13の優れたテーマがゴールドテーマとして選出され，5月10日の創業記念日に京都本社において，ゴールドテーマの取り組みが発表された。そして，「社会に対してどう価値を生み出していくのか」「いかに社内外のパートナーと連携していくか」など，理念実践に関する積極的テーマが多く発表され，社員に共感・感動を呼び起こした。このようにTOGAは数多くの社員が企業理念を実践するストーリーを，戦略実行を通じて共有し，共感を持つことで，一人ひとりが戦略実行力を高める活動となっている。

　すでにTOGAがスタートして，5年が経過しているが，内容は常に進化し，社員はお互いの取り組みを理解し，共有することで，理念の実践，戦略の実行を通じて，社員の育成がなされている。

(イ)　ROIC経営を定着させる人材育成

　同社が，ビジョンである社会的価値の実現を継続していくためには，同社が持続的成長をしていくことが求められる。同社は，各事業の規模と収益性を高

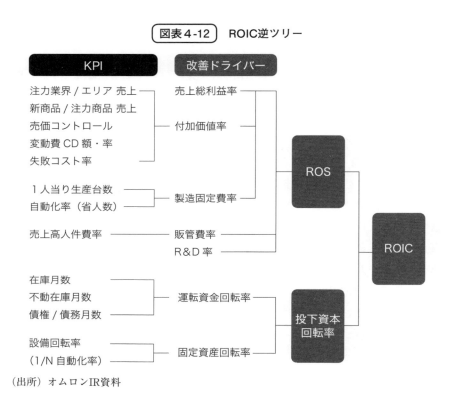

図表4-12　ROIC逆ツリー

（出所）オムロンIR資料

めていくために，ROIC（投下資本利益率）による経営指標の展開を推進している。

　ROICを採用した理由は，事業による収益性にかかわらず，公平に評価が可能であること，さらに，分解し逆ツリーにより，従業員がどのような行動をすべきかがわかりやすい指標に落としやすいことがある。この逆ツリーは，ROICをROS（売上高利益率）と投下資本回転率に分解し，それぞれの改善ドライバー，さらにその改善ドライバーを向上するためのKPIを明確にすることで，営業や生産現場などの部門の担当者がどのような取り組みを行うべきかを明確に示しているものである。

　例えば，売上高利益率で展開すると，事業によって収益力に差があるため，

収益力の低い事業は早々にクローズして収益力の高い事業に移すことになりかねないし，それぞれの事業従事者の士気にも影響する。そのため，新規事業を探索・実現し，長期的に成長していくことは難しくなる。しかし，売上高利益率が低い事業でも，ROICなら上げることが可能だ。ROICは異なる事業体の中にあって，共通的に評価しやすいという特徴を持っている。

また，ROICは分解しやすいという特徴がある。「売上高利益率」と「投下資本回転率」に分解できる。さらに，売上高利益率は，「売上総利益率」，「販売費一般管理費率」，R&D率などに分解できる。

投下資本回転率は，「運転資金回転率」「固定資産回転率」に分解できる。さらに，運転資金回転率は，在庫月数，不動在庫月数，債権／債務月数に分解できる。固定資産回転率は，設備回転率，自動化率などに分解していくことで着実なROICの向上を目指している。

こうした，具体的なKPIが設定することで，それぞれの現場で目指す姿と活動を一致させることができる。こうした特徴によって，現場でこだわる目標指数を導き出し，経営理念であるチャレンジ精神やソーシャルニーズの創造に挑戦できると考えている。それぞれの現場が目標を掲げ精査し，再びアクションを起こすというPDCAサイクルを部門の中で回していくことが狙いである。目指す姿，KPIをさらにブレイクダウンして，チームとしてこだわる指数を目指し，部門独自で評価していく。達成できなければ新たなプランで再度試みる。こうしたPDCAを回しながら，一歩一歩愚直に目標達成を狙っていく——そのサイクルを回し続けるのが逆ROIC経営である。

オムロンはROIC経営の浸透をより加速させるため，ROICの定性的な翻訳式を活用した「ROIC経営2.0」を2015年から開始している。翻訳式が意味するのは，「必要な経営資源（N）」を投入し，それ以上に「わたしたちのお客様への価値（V）」を上げ，そのために「滞留している経営資源（L）」を減らすというものである。このような簡単な翻訳式により，普段は財務諸表と縁のない営業や開発部門などの担当者が，ROIC向上の取り組みを具体的にイメージすることができる。

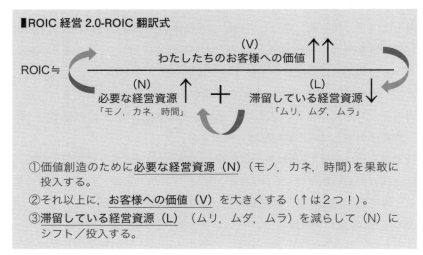

(出所) オムロンIR資料

　また，オムロンには各事業部門の経理・財務の担当者が中心となり，ROIC経営2.0の浸透を推進するアンバサダーが存在している。アンバサダーが各事業部門におけるROIC経営2.0の取り組み事例を，全社にわかりやすく紹介することで，現場レベルの取り組みがグローバルに広がり，深く根づくことにつながっている。

　オムロンのこうした取り組みは，経理人材の事業に対する理解を深め，事業と伴走しながら，ROICを高められる人材を育成している。さらに，ROICのアンバサダーが伴走することにより，事業部門のROICに対する理解度をあげることとなり，戦略実行力を高めることになる。

(ウ)　オムロンの人材育成からの示唆

（i）ビジョンの実践と戦略の実行を通じて社員お互いが学びあう場と仕組みの構築
　社員の育成において大事なことは，単なる理論研修に終わらず，それが事業

戦略の実行においてなされていることだ。しかしながら，通常の日本企業の
OJTだけでは，その役割を担えなくなっている。それは，どうしてその戦略が
必要なのかの腹おち感が社員に醸成されないことがあることに加え，社員が共
鳴し合い，共に高め合うことに至らないことが多いからだ。

　社員の育成はともに同じビジョンを持ち，それを戦略において実行していく
場において，上司から教えられるのではなく，社員が自ら考え，お互いに刺激
し合い，実践により学び，またチャレンジし，戦略の実行により社員が育って
いくことが最も大事な人材育成である。

　オムロンはそのように考え，TOGAを継続している。

(ii)　**目標達成に必要となるKPIの可視化と実践教育**

　ROICを指標として，とり上げている会社は多い。しかしながらオムロンの
特徴的なところは，ROICの目標値を実現するために，何を行うべきかを明確
にするため，ROIC逆ツリーを策定し，それぞれの従業員の立場で何をすべき
かをアンバサダーが伴走しながら教育していることだ。例えば，生産であれば
製造コストの低減をすることにより，ROICを高めることができる。営業マン
であれば販売価格を上げることにより，ROICを高めることが可能だ。つまり
ROICを逆ツリーで理解することで，それぞれの立場で何をすべきかを理解す
ることができ，自らが腹おちした状態で戦略の実行を推進することができ，そ
の結果，人材は育成されることになる。

(3)　**戦略実行力を高めるための人材育成の方向性**

　戦略実行力を高めるための人材育成の方向性としては，①ビジョンを実現す
るためのポジション明確化と優秀人材配置による育成，②戦略実行における社
員自ら育つ場の提供，③戦略実現のためのプロセス可視化とフォロー，がある。

①　**ビジョンを実現するためのポジションの明確化と優秀人材配置による育成**

　戦略実行力を高めるためには，ビジョンを実現できる人材像を明確化しなけ

ればならない。そのためには，ビジョンを実現するためにどのようなポジションが必要になるかを明確にしなければならない。GEが行っていたセッションCでは戦略実現に必要となるポジションとそれを担える人材像の明確化を行った。そして，現在，GEビリーフスに基づき，ピープルレビューにより，よりプロアクティブに従業員へのフィードバックを行うことで，人材育成の強化を図っている。

日本の製造業は大きな事業の構造転換を迫られている。自動車会社ではコネクティッド，シェアリング，自動運転，電動化などの大きな構造変化を迎えており，事業モデルが抜本から変わることが考えられる。そこで必要なのは事業の構造改革を推進できる人材である。そのため，事業の構造改革にはどのようなものが必要になるか，を明確にしなければならない。また，事業計画に応じて，そうした人材がどこにどの程度の人数が必要であるかを明確にしなければならない。

こうした必要となるポジションと人材像の明確化を行ったあとは，候補人材の抽出を行うことが必要だ。候補人材は社内で見つけることができる場合もあるが，社内に候補人材がいない場合もある。社内での優秀人材を抽出するとともに，将来のビジョンを実現するために，内部に十分条件に合致する人材がいない場合は，社外からの人材獲得も必要になるだろう。その場合，社外から獲得した人材には社内人材ではできない変革の担い手として明確なミッションを与えるとともに，社内人材をその配下につけることで，社内人材の変革を推し進めることが大事だ。

ある精密機器メーカーでは，製品事業のみならず，データ分析などのサービス事業に新しい事業領域を構築するために，事業を牽引していく人材を積極的に外部から登用すると同時に，変革を引っ張っていける若手の優秀な人材を配下につけ，社内人材の変革を進めている。

② 戦略実行における社員自ら育つ場と仕組みの提供

オムロンの優れた経営と戦略実行力は，戦略実行において社員自らが育つ場

第4章　戦略実行力を高めるために求められる機能　*169*

と仕組みが提供されていることが大きい。TOGAにおいては，社員がそのビジョンの実現と戦略の実行において行ってきたことを表出し，共鳴する場を提供している。社員はそれらを通じて，ビジョンの実現のためのチャレンジ，戦略の実行を通じて，学び，社員同士が刺激しあうことにより，育っている。

　人材育成は従来からのOJT，Off-JTに留まらず，長期ビジョンの実現のために，自らがどのような実践を行うべきかを考え，グローバル規模で，社員が行ってきた実践事例を共有しながら刺激し合い育つ場と仕組みを提供することが必要だろう。

③　戦略実現のためのプロセス可視化とフォロー

　オムロンが実施したROICの特徴的なところは，最終的な指標を実現するために，どのようなことを実現しなければいけないのか，逆ツリーで示すことで，事業，製造，販売，マーケティング，品質管理などそれぞれの立場，役割に応じて，どのようなことをすべきかそのプロセス指標を可視化したことにある。つまり，戦略を実現するために，それぞれがどのような役割を担うべきであるかを明確に示し，そのフォローを徹底的に行うことである。

　ROICであればオムロンが実施したようなアンバサダーのように事業部門と伴走する経理人材も有効であろう。もしくはバランススコアカードのようなものを策定し，最終的な財務目標を，学習と成長，顧客，内部プロセスなどの視点でまとめ，部門別に戦略マップを策定することで，全社の戦略実現のためにそれぞれの部門が何をすべきかをブレーク・ダウンする方法もある。

　なぜならば，戦略を実現するために何をすべきかが明確になっていれば，部門さらには個人の役割が明確になり，戦略実行のために必要となる実施項目に対して，実施しながら組織としてのフォローができるとともに，実施後の振り返りとして，何ができていたのか，何ができていなかったのかをより具体的に振り返ることができるからである。こうした具体的な振り返りにより，人材を育成することができる。

　重要なのは，戦略実行において，それぞれの社員自らがどのような役割を果

たすかが可視化されており，それの実行とフォロー，結果のフィードバックにより，社員が戦略実行力を高められる育成を行うことだろう。

　日本企業が戦略実行力を高めていくためには，戦略実行により，何よりも実現したい姿，ビジョンを明確に社員に示し続けていくだろう。そして，そのビジョンを本当に社員にとって"腹おち感"をつくり，実行力のあるものにしていくためには，戦略を実現するために必要な役職，人材要件は，経営者が示すビジョンのもとに，具現化され続けていくことが大事だ。そのためには，経営者自らが戦略実行力向上のために人材の育成に取り組むことが求められる。日本企業が組織としての人材育成の力を再構築し，戦略実行力を高めていくことを切に願う。

[参考文献]
- オムロン　統合報告書　2015年，2016年，2017年版
- CFOフォーラム　オムロン　鈴木CFO講話（http://forum.cfo.jp/?p=1752）
- ダイヤモンド　2016年12月1日号　GE社員33万人のバイブルだった行動指針「GEバリュー」を変えた真意（http://diamond.jp/articles/-/109629）
- ダイヤモンド　2016年12月1日号　成果主義は変わらないがレーティングしない！　GEの評価基準9ブロックは過去のものに
- 「GE変化の経営」熊谷明彦著　ダイヤモンド社（2016年）

―第5章―

不確実性の時代に

求められる不確実性への対応

環境変化の把握と対応力

戦略実行状況におけるモニタリング
- 戦略を実現するために必要となる重要なKPIを
  モニタリングする
- 環境変化に合わせて，戦略を見直す
- 小さな失敗から多くを学ぶ

不確実性が高まる時代に対応するために
- 環境変化への組織感度を上げる
- 環境変化に応じた戦略のオプションを策定して
  おく

求められる不確実性への対応

> **Point** ☞
> 事業環境の不確実性は高まるばかりだ。コダックは将来起こり得るデジタル化を早い段階で予見していたにもかかわらず，デジタル化に乗り遅れた。将来何が起きるか予見されていても，それに対応できるとは限らない。不確実性が高まる時代において，求められるのは対応力だ。

2012年の経営破綻以降，コダックは，デジタル社会の到来を予知できなかった事例として取り上げられることが多い。これは富士フイルムとの比較で語られることも多いし，両社のケーススタディはビジネススクールでは非常に人気も高い。私も台湾大学のビジネススクールで富士フイルム，コダックのケーススタディを授業でとりあげさせてもらったが大変好評だった。

では，コダックはデジタル化を予見できていなかったのであろうか？

コダックは誰よりも早くデジタル化を予見していた。

実際，1975年に世界初のデジタルカメラを発明している。さらに，1991年には，デジタルカメラの1号機の発売をしているともいう。しかしながら，同社に起きたことはイノベーションのジレンマだった。アナログフィルムで圧倒的な成功を収めたコダックは，デジタル化の到来を誰よりも早く予見し，様々な技術の芽をもっていたにもかかわらず，それをうまく育てることができなかった。

つまり，まだまだ高収益なアナログフィルムの事業に固執し，既存の事業とのカニバリゼーションを最小限にしようとした。経営陣は，デジタル化による変化を予見しながらも，近視眼的になってしまい，利益率の高いアナログ写真に固執してしまったのだ。

対して，富士フイルムは2000年に起きた写真フィルム市場の急速なる減退に対して，デジタル化にいち早く対応した。また，従来から持っているフィルム

図表5-1 富士フイルムが行った主なM&A

年月	事業領域	内　容
2006年 2 月	グラフィックシステム	インクジェットプリンタ向けインク染料のトップメーカーであるAvecia Inkjet Limitedを買収
2006年 7 月	グラフィックシステム	産業用インクジェットプリンタ用ヘッドメーカー，米国Dimatix, Incを買収
2006年10月	メディカルシステム	株式会社第一ラジオアイソトープ研究所の全株式を取得し，完全子会社化
2006年12月	メディカルシステム	循環器部門向け医療画像情報システムメーカーである米国Problem Solving Concepts, Incを買収
2008年 1 月	イメージング	ドイツのオンラインフォトサービスのシステム開発会社IP Labs GmbHを買収
2008年 3 月	医薬品	富山化学工業株式会社を株式公開買い付けにより連結子会社化
2008年12月	メディカルシステム	米国の放射線情報システムメーカーEmpiric社を完全子会社化
2008年12月	メディカルイメージング	ロシアの販売代理店Fujifilm-RUを買収
2010年 3 月	メディカルシステム	ブラジルの販売代理店NDT Comercial Ltda.を買収
2010年10月	医薬品	再生医療製品の開発・販売会社ジャパン・ティッシュ・エンジニアリングと資本提携
2011年 2 月	医薬品	バイオ医薬品受託製造のリーディングカンパニー 2 社の全株式を米国メルク社から取得
2012年 3 月	メディカルシステム	超音波診断装置の大手企業，米国Sonosite, Incを買収
2012年 8 月	ドキュメント	オーストラリア最大のビジネスサービスプロバイダーSalmat LimitedのBPO事業を買収

（出所）新聞発表資料により野村総合研究所作成

技術を生かして，液晶ディスプレイ用の偏光板保護フィルムにより，圧倒的に高いシェアを取り，会社の事業構造全体を入れ替えていった。産業材料でのフジタック（液晶ディスプレイ用偏光板保護フィルム），グラフィックシステム

によるインクジェットなどでのデジタル化，メディカルシステムにおける
PACSやDRなどのデジタル技術への投資，さらにはフィルムで培った高度な
ナノ分散技術や解析技術，プロセス技術を生かし，製薬事業，さらには再生医
療へと進出し，その事業構造を大きく変革した。富士フイルムが行った数々の
買収はその事業構造を変えることを大きく加速させるものばかりだ。

　不確実性がますます増している今日においては，より多くの企業がコダック
のようになることを避けたいと考えている。そして，富士フイルムのように時
代の変化を乗り越え，勝者になりたいと考えている。

　変化が起きていることをわかりながら，その対応が十分にできず，敗者とな
ることをすべての企業が避けたいと考えている。

　そして，多くの企業は，市場環境の分析を行い，将来の予測をたて，確実性
の高い戦略を立案しようとしている。

　しかしながら，この不確実性が高い今日において，確かなのは確実性の高い
戦略は存在しないということだろう。

　この環境変化の早い時代に，じっくりと市場環境分析を行い，立案された戦
略を遂行している企業は，より対応スピードが速い企業に追いつけないだろう。

　いま，日本企業に求められていることは，不確実性への対応だ。ITの進化
など技術の進化は加速度的に早まっている。

　また，陳腐化された技術でも中国企業のように，瞬時にそれらを組み合わせ，
圧倒的に大きな市場である中国で，“稼ぐ力”のあるビジネスモデルへと進化
させてしまう。日本企業はこうした環境のなかで，不確実性への対応力を増し
ていかなければならない。

環境変化の把握と対応力

Point

不確実性への対応としては，環境変化をいかに把握するか，それら把握した環境変化に，どのように向き合うかが大事になる。不確実性の高い今日においては，戦略立案のプロセスも，考え方を変えていくことが求められる。

まず，長期のビジョンを策定し，10年単位でのビジョン策定を行うが，それは大きな企業として，向かう方向性，解決したい社会的課題を述べ，大まかな10年後に到達していたい姿を描く。そこから，中期の戦略を具体的に落とし込むが，重要なのは戦略を作ったら終わりではなく，事業環境の変化を常にモニタリングすることだろう。

例えば，重電産業においては，過去は電力会社に対するガスタービンなどの販売を行ってきた。しかしながら，再生可能エネルギーが急速に普及する昨今にあっては，再生可能エネルギーの普及動向，資源価格，中東などの情勢，各国のエネルギー政策などについて，アンテナを張りめぐらせる必要があるだろう。

自動車産業であれば，各国の環境規制動向，電池技術の進化，新興国のインフラ整備状況，シェアリングなどの動向などをモニタリングしなければならないだろう。

事務機メーカであれば電子化の進展状況をモニタリングする必要がある。例えば，スマートフォンの普及状況，印刷市場規模，電子書籍の普及状況，モバイルワーカー，在宅勤務の普及動向，ブロックチェーンなどの技術動向などを見る必要がある。これに加えて新興国であれば，物流インフラの整備状況や，オフィス不動産の動向，紙パルプの需要動向などを見る必要がある。

しかしながら，大事なのはデータを把握することではない。大事なのは取得

したデータからどのようなことを判断するかである。

　例えば，事務機メーカーが市場環境をモニタリングするなかで，電子化の進展が著しく進んだ，かつモバイルワーカー，在宅勤務が著しく進んだ場合であれば，価値提供する場面をオフィス内と捉えず，オフィス内，移動中，在宅，生産現場，販売現場などまで広げ，情報セキュリティを担保しつつ，簡単に情報にアクセスができ，情報の共有ができる環境を提供しなければならない。

　そして，これらのモニタリングしている環境変化に対して，常に複数のシナリオを議論しておく必要があるだろう。環境対応の力とは，考えられる環境変化のシナリオを複数考え，それぞれのシナリオが発生した場合，どのようなアクションを起こすか，複数のシナリオ分岐を用意できるかだ。

　シェルは，50年以上も前から，シナリオプラニングを実施しており，これを経営の意思決定に活用しており，さらにそのシナリオを外部に公開している。現在，公開されている最も新しいシナリオは，2013年3月に発表されているニューレンズシナリオでのマウンテンズシナリオとオーシャンズシナリオ，さらに，2018年4月に発表されたスカイシナリオである。マウンテンズシナリオでは集権化が起こることを予測しており，オーシャンズシナリオでは分権化を予測している。

　図表5-2のような複数のシナリオを描くことで，今後，益々不確実性が高まる今日において，新興国の勃興，人口動態の変化，技術革新など，予測が難しい将来を3つのシナリオを策定することで，環境変化への対応力を高めようとしているのである。このようにすることによって，2060年に向けて，会社が生き残っていけるシナリオを見い出そうとしている。

　マウンテンズシナリオは，既得権を持つ国々が，現状の体制を維持することで，安定的な成長，社会を実現しようとする。成長が緩やかな，このシナリオではエネルギー価格は安定しており，各国政府の指導力が強く，長期的視野での大規模エネルギー・地球環境プロジェクトの遂行が可能となる。そして，炭素隔離技術（CCS）が鍵となるテクノロジーになり，先進国を中心とした国際協調が実現していくシナリオである。

第5章　不確実性の時代に　177

図表5-2 シェルのニューレンズシナリオ

マウンテンズシナリオ

政府の力が強く低成長な未来

成長が緩やかな本シナリオでは，エネルギー価格は安い。シェールガスが安価な
エネルギー源として世界の需要を支える

各国政府の指導力が強く，長期的な視野の大規模エネルギー・地球環境プロジェ
クトを遂行できる

鍵となるテクノロジーは炭素隔離（CCS）技術である

　　CO_2を数千年オーダーで地中や海中奥深くに貯留する技術の実現は，本シナリ
　　オにおいてはCO_2問題の解決に欠かせない技術と位置づけられ，その開発と運
　　用では先進国を中心とした国際協調が実現

温暖化問題への対応として，人々は省エネ・コンパクトシティへの移住を促され
る

CCSや原発の建設は，地元住民の反対を乗り越える。これらが功を奏して，
2060年には世界の発電セクターにおけるCO_2の排出量は限りなくゼロになって
いる

オーシャンズシナリオ

民衆の欲求と政治的な力が群発的に広がる世界

秩序なき秩序のもと，SNS上の知り合いの言動にたやすく影響される価値観に
共有される世界が創り出される

　　各国首相はポピュリズムに翻弄され政権交代を余儀なくされる等，人間社会の
　　課題を長期持続的な努力をもって解決することができない社会となる

　　人々はダヴォス会議に行くようなリーダー達を信用せず，むしろFacebookの
　　「友達」達に信頼を寄せる

規制緩和が進行し，民間の活動が栄えて，経済活動はよりグローバルで活発にな
ると予測され，新興国や開発途上国の数十億の人々の生活水準は向上。この世界
では数十億人の人々が，「Mountains」の世界より豊かになり，自由闊達に生き，
消費し，移動し，自己表現して生活を楽しむことで，エネルギー需要が大きく伸
び，供給がひっ迫してエネルギー価格が上がると予想される

再生可能エネルギーの普及が加速すると予想され，太陽光エネルギーが2070年
までにシェア第一のエネルギー源になる。

　　途上国では今後，電力移送のための送配電系統への投資がまったく追いつかず，
　　分散型の立地に適した，かつ地元の共同体で運営することが可能な太陽光発電
　　システムが普及する

> 再生可能エネルギーのシステム価格が大きく低下して、十分な供給力をもたらすまでの数十年間は、むしろ石油や石炭が発電用燃料として重用される。
>   市民運動などにより、原子力やシェールガスや大規模風力発電のプロジェクトが容易に実現しない
>   各国の内政がポピュリズムにより不安定なこともあって国際協調は遅れ、地球温暖化はより深刻を極めることになる

図表5-3　時系列でみるマウンテン・オーシャンシナリオ

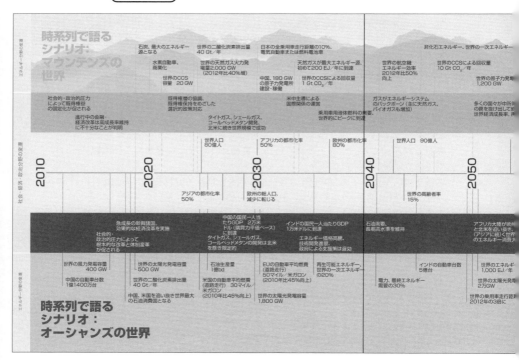

(出所) シェル資料

第5章 不確実性の時代に

スカイシナリオ

- マウンテンズで強化される政府のリーダシップと，オーシャンズで強化される新しい共同体の双方が，気候変動という地球規模の共通課題に対して協調し，テクノロジーやイノベーションをサポートしていくというシナリオ
- パリ協定の目標をベースに作成され，2070年までにゼロエミッションを実現するための道筋を示す規範的なシナリオ
- スカイシナリオでは，エネルギー需要は伸びていくものの，2020年をピークに化石燃料の占める割合が長期的に減少していく道筋を示している。
- 電気自動車のシェア拡大など，消費者のマインドセットが二酸化炭素の排出抑制を求めるものに変わり，二酸化炭素回収貯蔵施設の発展や，太陽光・風力・水素などの新しいエネルギー源が非連続的な技術革新の結果，成長する

（出所）シェル資料をもとに作成

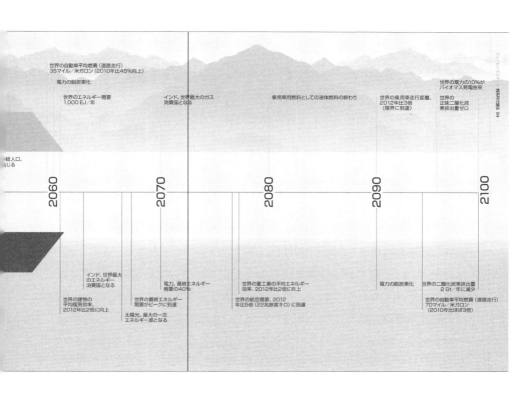

これに対してオーシャンズシナリオは，分権化のシナリオであり，民衆の欲求と政治的な力が群発的に広がる世界である。

　このシナリオでは，SNSにおける知り合いの言動に影響される価値観に共有される世界が広がる。ポピュリズムが翻弄し，人々は国家のリーダーを信用せず，ネット上でのつながりを信用するようになる。さらに規制緩和が起こり，新興国が大きく成長し，エネルギー消費が増加，エネルギー価格は高まるとしている。さらに市民活動により，原子力やシェールガスなどの大規模風力プロジェクトなどが容易に実現しない。そして，ポピュリズムの台頭により，国際協調でのCO_2削減への合意は先送りされ，地球温暖化は深刻化するとしている。

　さらに，2018年4月に発表されたスカイシナリオは，マウンテンズで強化される政府のリーダーシップと，オーシャンズで強化される新しい共同体の双方が，気候変動という地球規模の共通課題に対して協調し，テクノロジーやイノベーションをサポートしていくというシナリオである。これは，パリ協定の目標をベースに作成され，2070年までにゼロエミッションを実現するための道筋を示す規範的なシナリオである。

　スカイシナリオでは，エネルギー需要は伸びていくものの2020年をピークに化石燃料の占める割合が長期的に減少していく道筋を示している。これは，電気自動車のシェア拡大など，消費者のマインドセットがCO_2の排出抑制を求めるものに変わり，CO_2回収貯蔵施設の発展や太陽光・風力・水素などの新しいエネルギー源が非連続的な技術革新の結果，成長すると考えられるからである。

　シェルからの示唆は，市場環境の変化に伴い，どのように対応していくかだ。組織としての環境変化への対応力をいかに高めていくかが重要であり，環境変化を予測し，あえてひとつの前提となるシナリオを固定的におくのではなく，複数のシナリオをおくことにより，どのシナリオがきても，それに対する対応が組織内で議論が尽くされ，準備がされている状態を作り出すことである。

　おそらく，いくつか描いたシナリオのどれかにピタリとはまることはないだろう。それでも複数のシナリオがあれば，用意しておいたオプションを組み合わせることで，環境変化に対する組織の対応力が高まることだけは間違いない。

3 　戦略実行状況におけるモニタリング

　そして，戦略実行状況をモニタリングし，着実に施策の実行状況を可視化し，実行していくことが求められる。戦略実行状況をモニタリングしていくためには，(1)戦略を実現するために必要となる重要なKPIをモニタリングする，(2)環境の変化に合わせ，戦略を見直す，(3)小さな失敗から多くを学ぶ，ことが必要だ。

(1)　戦略を実現するために必要となる重要なKPIをモニタリングする

　戦略実行状況をモニタリングするためにはバランススコアカードなどの戦略マップのように戦略を実現するために，財務，顧客，内部プロセス，学習と成長などの視点で，戦略を実現するために実施すべきことを落とし込み，それらからモニタリングすべき重要なるプロセス指標としてKPIを抽出することが考えられる。この際，重要なのは，重要なるKPIに絞り込み，モニタリングすることである（図表5-4）。

　常に，実現すべきビジョンや戦略に立ち返り，それを実現するために，大事な実施事項，プロセス指標，つまりKPIに絞り，ビジョンや戦略の実現のために，どこまで到達できているのかを議論すべきだ。

　時折見られるのは，多くのKPIを抽出し，モニタリング疲れに陥ることだ。事務局を担う経営企画部門は事業部門からの数字集めに翻弄され，事業部門は毎月行われる経営会議などに出す数字の集計に疲れてしまう。これでは本末転倒であろう。

　さらに，悪いことにはKPIが戦略を実現するために重要なものではなく，実現可能そうなものが羅列されており，報告会が"滞りなく実施しています"という報告が行われるために開催されることだ。この場合，もはや，それは戦略

図表 5-4 戦略マップ

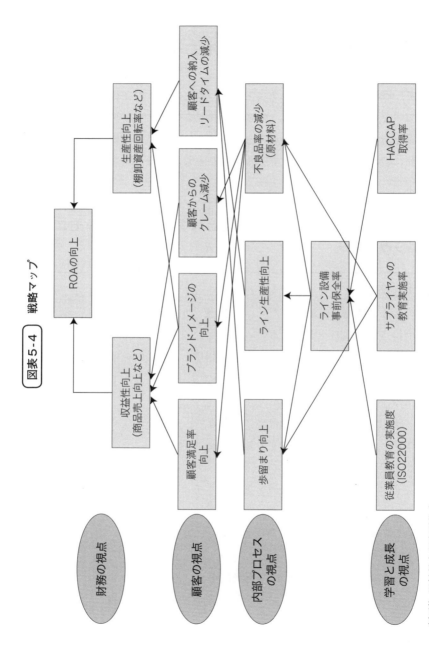

(出所) 野村総合研究所作成

の実行状況をモニタリングしているのではなく，"滞りなく実施している"ということを報告，PRするための場となり，やるだけ時間の無駄になる。

　こうした状況は，一見滑稽に感じるが，多くの会社で見受けられる。なぜならば，管理職の評価において，定量評価が多くなった結果，プロセス指標を実現しやすいものとしているケースもある。これでは，何の意味もないだろう。

　本来，実施すべきことは，戦略を実現するために必ず行わなければいけない重要な実施事項，プロセスが着実に実施されているかどうかを見なければならない。そして，戦略が実現困難であればあるほど，この重要なる実施事項，プロセスは困難なものであるはずだ。でなければ，実現困難なる戦略は実現できない。実現が簡単な戦略であれば，求められるプロセスも容易なものになろうが，それならモニタリングする必要もない。

　また，部門間をまたがるプロセス指標を常に重点的に捉えなければならない。現在，日本企業で起きている大きな問題は，部門が細分化されていることだ。製造においても，デジタル化，技術の進化により部門が専門化されたし，本社機能においてもセキュリティ，コンプライアンス，ガバナンスなど多くの対応すべき課題に直面し，部門が細分化している。そのため，部門間に洩れるいわゆる三遊間のゴロが増える傾向にある。これはきわめて皮肉なことなのだが，部門が増えたことにより，カバレッジが増えたというより，全体を見渡せる人材が減少し，しかも環境が大きく変化していることから，組織間にもれてしまい，見落とされる問題，もしくはわかっているが，誰も手を伸ばさない問題が増えている。

　常に戦略を実現するために，何をすべきかを考え，部門横断なテーマであれば経営会議などで議論を行い，それに対して求められる実施事項，プロセスを明確に定め，部門横断での取り組みを行わなければならない。

⑵　環境変化に合わせて，戦略を見直す

　さらに不確実性なる時代に大事なことは，環境変化にあわせて，戦略を見直

すことだ。市場環境は大きく変化する。そのため，戦略を見直すことは当然だろう。むしろ，一度決めたことだからとずっとやり続けることのほうが，柔軟性と環境対応力が乏しいといい得るだろう。

そのため，戦略の実行状況をモニタリングする際は，重要なる市場環境の変化とあわせた議論が必要だ。

そもそも戦略策定の前提条件となっていたもの，自動車業界であれば環境規制，重電業界であれば再生可能エネルギーの普及，エネルギー情勢に影響を与える国際情勢，事務機メーカであればスマートフォンの普及やインクジェット技術のオフィスへの広まりなどモニタリングすべき市場環境の変化を常にモニタリングし，それらの変化が起きた場合の複数の戦略オプションをあらかじめ用意したうえで，場合によっては戦略オプションを変えていく柔軟性が求められるだろう。

つまり，戦略実行状況に関するモニタリングは環境変化に対するモニタリングと常にセットで行われることが必要だ。

先述したシェルの例にあるように，複数の環境変化のシナリオを常に経営陣で議論をし，現在の市場環境がどちらの方向に向かっているのか，その変化に対する感度を高め，それに対する対応をあらかじめ用意したオプションの採択のなかで行っていくことにより，環境対応力を高めていくことが求められるのである。

⑶　小さな失敗から多くを学ぶ

現在の日本企業の戦略実行におけるモニタリング，つまりPDCAを着実に進める力は高いとはいえない。なぜならば失敗に対する許容性が低いからだ。不確実性が高い今日では，情報量が十分ではないまま，意思決定しなければいけないことが益々増えている。そのような状況では，100パーセント成功することなどありえない。だからといって，十分に情報が集まるまで，時機を待とうというのでは，何もしないまま，チャンスを逸してしまう。ではどうすればい

いのだろうか？

　不確実性が高い今日においては，環境変化への対応力を高めるには，アジャイルにチャレンジすることが求められるのではないだろうか？　そして，挑戦をし，そこから失敗したとしても，失敗からいかに学ぶかということに，もっと重きを置くべきだ。

　私が現在，日本企業を見ていて最も気になるのは，失敗ができなくなっていることだ。不確実性の時代には，小さい失敗をたくさんしながら学んでいける組織が最も成功に近いところにいる。むしろ，小さいチャレンジをして，そこからどんなことを学んでいるかということを評価していかなければならない。できることをプロセス指標として取り上げ，できることだけやっている人材の集まりでは，環境変化に対応することなど不可能だ。

　環境対応力とは，不確実な環境変化のなかで，完璧ではない情報から，決定することができ，アクションが起こせ，失敗してもそこから多くを学べる組織なのだ。

4　不確実性が高まる時代に対応するために

> **Point** ☞
>
> 　不確実性が高まる時代に対応するためには、(1)環境変化への組織感度をあげる、(2)環境変化に応じた戦略のオプションを策定しておくことが必要だ。
>
> 　環境変化への組織感度をあげるには、①経営会議の仕方を変える、②外部有識者を交えて会議をする、③ビッグデータの解析などITを駆使することが求められる。
>
> 　また、環境変化に応じた戦略のオプションを策定していくためには、①確実に起きることへの備え、②予想される大きな市場環境の変化への対応の準備を進めることが必要である。

(1)　環境変化への組織感度を上げる

①　経営会議の仕方を変える

　それでは，環境変化への組織感度をあげるにはどうするべきだろうか。1つは，会議の仕方を変えていくことが求められる。

　常に，実現したい姿について，改めて再認識，確認を行い，そのうえで，そこに向かっていまどこまでできているのか，何が足りないのかを議論し，それに対してどのようなアクションをとるべきかという議論の場に変えていかなければならない。

　そして，何が足りないのかの議論のなかで，現在起きている市場環境の変化もあわせて議論していくべきだ。これができていないことの言い訳として用いられてはならない。どのような市場環境の変化が起きており，その変化に対応

するために，実施している事業部門で対応可能なこと，もしくは経営から支援を受けなければならないことを議論する場にすべきである。つまり，変化に対して，全社でどのようにリソースを使い対応できるのか，経営層，担当事業部門，場合によっては部門横断での議論がなされなければならない。

　現在，多くの経営会議において起きていることは，経営者と担当事業部門の一対一の対話になり，やれている，やれていないことの報告会になり，叱責されるか，やれていることを淡々と報告するかという場になりがちだ。しかし，こういった会議を行っていては，環境変化への対応力は劣化するばかりだ。そして気づいたときには手遅れになってしまうだろう。

②　外部有識者を交えて会議をする

　2015年6月1日から東京証券取引所の上場規則案で，上場企業は独立性が高い社外取締役を2人以上選任するか，2人以上選任しない場合は，理由を説明する義務があると定めた。そして説明しない企業には罰則を適用するとした。これは，社外の視点を取り入れて，企業経営の規律を強め，収益力を高めていくことが大事だと判断され，企業統治が日本でも強まっていることを示している。

　しかしながら，これに留まらず，社外有識者の意見を常に取り込む場を意識的に持つことが求められるだろう。

　例えば，実現したいビジョンを実現するためにバックキャスティング型で戦略を策定した場合，求められる要件に足りないものが多く出てきたとする。例えば，重電メーカーが大きく変化する電力市場環境に対応するため，需要家に対する対応力を強化するため，需要予測のロジック，AI技術，IoT技術が今後の環境変化への対応を行っていくためには必要だと判断したとする。その場合，こうした技術に非常に詳しいベンチャーキャピタル，アクセラレーター，大学など外部企業との接点を常に持ち，自分たちが必要とする技術の動向がどのように変化しているのか，それらを有する企業にはどのような企業があるのかに常にアンテナを張る必要があるだろう。自動車会社においては，自動運転，

シェアリング，電動化，コネクティッドといった現象はその勢いを増しており，これらの技術に対するアンテナを多くの自動車会社が高く張りめぐらせていることはいうまでもない。

また，リスクに対する議論も同様だ。トヨタ自動車はアドバイザリーボードを設置し，トヨタが抱える事業環境の変化やリスクに対して，地域のアドバイザリーボードとグローバルアドバイザリーボードから様々な意見を取り入れて，意思決定している。

コマツもインターナショナルアドバイザリーボードを設けており，取締役会への助言と提言を行っている。

しかしながら，こうした外部からの助言に対して，どこまでその意見を吸収し，環境変化への対応力を高めるかは，企業の姿勢次第だ。常にビジョンを実現するバックキャスティング型の思考で戦略を策定し，実行力を高める姿勢を経営者が率先して持ち，何が市場で起きているのか，それに対してどう対応していくのかを議論できる"場"を醸成することが必要だ。

③　ビッグデータの解析などITを駆使する

さらに，昨今であればビッグデータの解析により市場環境の変化，もしくは戦略の実行状況をモニタリングしていくことも求められる。

コマツがKOMTRAXからのデータを常に解析し，工事の動向から市況の変化をいち早く読み取っていることはあまりにも有名な話だ。収集している情報としては，車両の位置，各種故障に対するアラート，稼動状況，燃料の使用状況などだ。すでに接続台数は40万台を超えており，ビッグデータの域に達している。

コマツの素晴らしいところは，蓄積したデータを活用し，市場環境の変化の読み取りに使っていることである。つまり，KOMTRAXのデータを解析することにより，稼動状況が高い地域では新たなる建機需要が発生することが見込まれる。そのため，営業強化の準備を行っていく。さらには，稼動状況が低くなったら，生産を早めに絞り，在庫に対する感度をあげ，在庫の引き締めを

行っている。このようなことが実現できるのは，コマツにはグローバル販生オペレーション・センターがあることが大きい。

　ビッグデータの活用を部門ごとに行っていると，その利活用は分断されがちである。サービス，営業，生産それぞれにそのデータを分析し，何を行うべきかを考えると，その結果として，部分最適な対応になりがちだ。しかしながらコマツのグローバル販生オペレーション・センターは，建機マーケティング本部経営企画室，ICT事業本部，生産本部生産管理部，情報戦略本部の4つの部署から実務経験者が集められている数十人規模の組織であり，統計学に強く，ITを使いこなせるメンバーが全社の視点で解析を行っている。その結果，建機の稼動状況，販売状況などのビッグデータから，それぞれ異なるバックグラウンドを持ったメンバーが意見をぶつけ合い，コマツの工場の生産計画，流通在庫の最適化を推進している。

　こうしたことを実現していくためには，営業・マーケティング，生産，サービスなど異なるバックグラウンドを持った人材で，統計解析に素養があり，ICTに強い人材を社内で探索する，育てる，足りない部分は外から持ってくるといった取り組みも必要になる。

⑵　環境変化に応じた戦略のオプションを策定しておく

　さらに戦略実行力を高めていくためには，環境の変化に応じて，とるべき戦略のオプションをあらかじめ策定しておくことだ。それは，確実に起きていくことに対する備えと，予想される複数のシナリオに対する準備との両方に対する準備が必要だ。

①　確実に起きることへの備え

　例えば，将来確実に起きること，例えば，高齢化，日本における人口減少（生産年齢人口の減少）に対しては，取り組みをしなければいけないことは確実なので，戦略を問わず，何を進めていくべきかを中長期で考え，行うべきこ

とを明確にしておくことが大事だ。これはやらないというオプションが存在しない分，いかに着実に実行するかといった問題になる。こういった問題を先送りすると，企業としての基礎体力を弱めてしまい，本来とるべき戦略オプションに対するリソースが割けなくなるので，着実なる実行が求められる。

②　予想される大きな市場環境の変化への対応の準備

　さらに，今後予想される大きな市場環境の変化への準備が求められる。

　自動車会社にとって，CASE（＝CONNECTED，AUTONOMOUS，SHARING，ELECTRIC），つまり，自動車の外部・相互接続，自律走行，カーシェアリングによる所有から利用，電動化といった流れは不可逆だ。それがゆえに，電動化への対応は避けて通れず，そのために必要となるコアコンポーネントの変化，つまり電池，モーター，インバーターなどの重要性の高まりなどは対応しなければいけないベースシナリオになる。

　あとは欧州における規制動向，各種OEとボッシュやコンチネンタルなどのキープレイヤーの動き，中国の動きなどをモニタリングしていきながら，戦略の実行をどう加速させていくか，地域的にどこにリソース配分していくべきかという議論を激しく変わる市場環境を議論しながら，進めていかなければならない。

　しかしながら，国際情勢がどう変化するか，例えば昨今であればアメリカと中国の貿易摩擦がどう変化していくか，中東，ベネズエラなどの南米産油国，ロシア，そしていまや2019年には世界最大の産油国になるといわれている米国の動向から原油価格がどう変化するか，それにも連動するが為替がどう変化するか，新興国経済がどのように変化していくかなどといった問題は，想定される複数のシナリオからオプションを用意し，市場環境の変化をモニタリングしながら，オプションの発動すべき時期を常に検討していくことが求められるだろう。

　過去より，日本企業は，長期的視点をもった経営を得意としてきた。そのなかでは長期のビジョンを持ち，激しい円高，日米貿易摩擦などを乗り越えてき

た。したがって，日本企業は環境対応力が極めて強いという一面を持っている。

　しかしながら，工場の原価低減などものづくりでの対応だけで乗り越えられる局面から，現在は業界の垣根を越えた変化が起きている。IoT，ビッグデータ，FinTechといった技術革新が，業界の垣根，国境をなくしつつある。こうしたなか，日本企業は元来持つ強みを取り戻し，ものづくりの強さを生かしつつ，環境変化への対応力を飛躍的に高めることで，戦略実行力を高めていくことが求められている。

あとがき

　昨今，多くの日本企業において，デジタル時代での新しいビジネスモデルの構築が進められている。デジタル化が進む現在，日本企業に求められるのはビジネスモデルの改革だ。

　本書で述べてきたような企業は，メガトレンドを読みながら，それに対応するために，自らのビジネスモデルをどのように変革していくかを常に議論している。ビジネスモデルには完成した姿というものはなく，常に時代の変化にあわせて，変革し続けなければならない。

　バックキャスティング型の戦略策定は，常に時代の先を読み，自らの事業をどのように変革するか考え続けていくことにほかならない。

　メガトレンドの議論をすると，多くの日本企業の皆様から，見えない将来を読むことの難しさ，悩みの共有を受ける。しかしながら，将来を正確に予測することはできない。バックキャスティング型の戦略策定は未来を正確に予測することではない。そもそも，これだけICT，情報技術産業の発展が早いいま，将来を正確に読むことなど不可能だ。

　こうした状況において，大事なことは，10年後など長期のスパンでどのような社会的課題を解決したいのか，どのような会社になりたいのかを明確に描くことだ。そして，常にその目指す姿に対して，市場環境の変化をモニタリングしながら，環境変化に対する組織としての感度を高めていくことが大事だ。つまり，バックキャスティング型の戦略策定は，将来の大きな変化とそれに対する自社についての意味合いについて，組織としての解釈能力を高めること，そして，戦略を実行している段階で，環境変化を常にモニタリングし，環境変化に対応できる組織能力を高めていくことが重要だ。

　日本企業は，成長の過程で，多くの機能が専門化していった。その結果，組織が細分化している。それが，会社として，同じ市場環境についての危機感を持ちにくくなっている。

一つの製品開発，事業開発でも，その全体を理解している人材は非常に少なくなり，結果として変化への対応力が弱くなっているのではないか。こうしたなか，組織全体としてのビジョンの共有と浸透，市場環境変化に対する意味合いの解釈，対応力が大事だ。

　今後，日本企業に求められることは，長期のビジョンを明確に描き，それを浸透させていくとともに，市場環境の変化とその意味合いを組織として解釈し，機敏に環境変化に対応していける力を持つこと，これが日本企業に今求められている戦略実行力を具備することになると信じて，疑わない。

　本書が一人でも多くの日本企業の経営者，ビジネスモデル改革を目指す方々の助けになればと切に願う。

　2018年12月

野村総合研究所　パートナー

青　嶋　　稔

【著者紹介】

青嶋　稔

株式会社野村総合研究所　コンサルティング事業本部　パートナー

大学時代，製造業に対する経営コンサルタントになることを決め，精密機器メーカーに16年勤務。1988年精密機器メーカーに入社し，大手企業向け営業，米国現地法人における営業マネジメント，営業改革，新規事業開発，M&A，PMI担当マネージャーを歴任。米国より帰国後，2005年野村総合研究所に参画。

専門は中期経営計画策定，長期ビジョン策定，M&A戦略，PMI戦略の策定と実行支援，新規事業開発。米国公認会計士。中小企業診断士。

主な著書に『強くて小さい本社』（NRI出版），『事業を創る。』（中央経済社），『ハーフエコノミーの営業改革』（NRI出版），『日本は「パッケージ型事業」でアジア市場で勝利する』（東洋経済新報社），『変革実現力』（中央経済社，共著）などがある。

戦略実行力
──バックキャスティング思考で不確実性の時代を勝ち抜く

2019年1月25日　第1版第1刷発行

著　者　青　嶋　　　稔
発行者　山　本　　　継
発行所　㈱中央経済社
発売元　㈱中央経済グループパブリッシング

〒101-0051　東京都千代田区神田神保町1-31-2
電話　03 (3293) 3371 (編集代表)
03 (3293) 3381 (営業代表)
http://www.chuokeizai.co.jp/

印刷／三英印刷㈱
製本／㈲井上製本所

ⓒ 2019
Printed in Japan

＊頁の「欠落」や「順序違い」などがありましたらお取り替えいたしますので発売元までご送付ください。（送料小社負担）
ISBN978-4-502-29091-6　C3034

JCOPY〈出版者著作権管理機構委託出版物〉本書を無断で複写複製（コピー）することは，著作権法上の例外を除き，禁じられています。本書をコピーされる場合は事前に出版者著作権管理機構（JCOPY）の許諾を受けてください。
JCOPY〈http://www.jcopy.or.jp　e メール：info@jcopy.or.jp　電話：03-3513-6969〉